少年儿童必读丛书

（第二辑）

什么怎么为什么

东方 主编

山东教育出版社

图书在版编目（CIP）数据

什么怎么为什么 / 东方主编 . —济南：山东教育
出版社，2015

（少年儿童必读丛书 . 第二辑）

ISBN 978-7-5328-9194-8

Ⅰ . ①什… Ⅱ . ①东… Ⅲ . ①科学知识 – 少
儿读物 Ⅳ . ① Z228.1

中国版本图书馆 CIP 数据核字（2015）第 265606 号

少年儿童必读丛书（第二辑）

什么怎么为什么

东 方 主编

主 管：山东出版传媒股份有限公司

出版者：山东教育出版社

（济南市纬一路321号 邮编：250001）

电 话：(0531)82092664 传 真：(0531)82092625

网 址：www.sjs.com.cn

发行者：山东教育出版社

印 刷：济南继东彩艺印刷有限公司

版 次：2017年2月第1版第1次印刷

规 格：710mm×1000mm 16开本

印 张：12印张

字 数：150千字

印 数：1—5000

书 号：ISBN 978-7-5328-9194-8

定 价：24.00元

《少年儿童必读丛书》编委会

品读经典　开启智慧

代序

阅读是一种幸福的体验，是读者与作者心灵的对话。

千百年来，古今中外的大家写出了很多脍炙人口的经典作品，这是人类智慧的结晶，其高超的语言艺术和深刻的思想内涵，给人以美的享受和智慧的启迪。其中蕴涵的永生的活力和不朽的精神，早已超越了国界的限制和时空的阻隔。

经典是唤醒人性的著作，可以开启人们的智慧。

经典能深入到人心灵的最深处，能培养人优雅的性情和敦厚的性格。

让孩子结缘经典，能够为他们打好人生的底色。

让孩子爱上经典，能够增加他们的生活情趣，使人生丰富多彩。

让孩子品读经典，能够开阔视野，增长智慧，陶冶情操，使他们受益一生。

教育部颁布的《语文课程标准》对中小学生课外阅读量作了明确的规定：小学生不少于145万字，初中生不少于260万字。古今中外的文学作品浩如烟海，这400多万字，应该读什么？面对茫茫书海，家长、教师、学生往往感到无所适从。我们从浩如烟海的古今中外作品中披沙拣金，精选出适合少年儿童阅读的经典内容，编成了这套《少年儿童必读丛书》奉献给广大少年儿童和他们的家长。可以说，这套丛书是精品中的精品、经典中的经典。

《少年儿童必读丛书》为少年儿童提供了课外阅读的必读内容，可为完成国家对中小学生的课外阅读要求提供质和量的支持。为了使这些经典作品，特别是中国古代和外国作品更适合当今中国少年儿童的阅读习惯和阅读口味，我们对有些作品进行了改编、改写或注解，使其既不失去原著的历史价值和审美诉求，又适合当前的阅读习惯和文化认同，努力做到雅俗共赏，集可读性、经典性于一体。可以说，这套丛书既适应了国家《语文课程标准》的要求，又是为广大少年儿童定做的文化盛宴。

《少年儿童必读丛书》所收录的既有少儿文学历史方面的内容，又有科学文化等方面的内容，能满足少年儿童多方面的阅读需求，提高他们的综合素质。这套丛书分为两辑，第一辑为"故事系列"，包括《中国成语故事》、《中国寓言故事》、《中国民间故事》、《中国神话故事》、《外国童话故事》、《外国寓言故事》、《外国民间故事》、《中外智慧故事》、《中外趣味故事》、《中外哲理故事》、《中外发明故事》、《中外科幻故事》、《阿凡提的故事》等。第二辑为文学、历史、地理和科普百科等方面的内容，包括《诗经最美诗篇赏析》、《千年唯美名句赏析》、《打开心灵的密码》、《中国历史简单学》、《中国地理简单学》、《大脑越用越聪明》、《什么怎么为什么》、《神秘莫测大自然》等。阅读优秀的文学作品，能教会孩子用心去拥抱生活，用爱去点燃希望，使孩子学会思考，从而充实孩子的心灵；学习科学文化知识，既可增长见识、开阔视野、活跃思维，又能陶冶美的情操和心灵，让孩子从小养成"学科学、爱科学、讲科学、用科学"的风尚。

外国童话故事、外国民间故事、外国寓言故事主要收录了被称为"世界三大儿童文学经典"的《格林童话》、《安徒生童话》与《一千零一夜》，和被誉为世界四大寓言家的伊索、拉封丹、莱辛、克雷洛夫的经典寓言故事。这些故事闪耀着智慧的光芒，迸发出机智的火花，蕴涵着深刻的寓意。它不仅是向少年儿童灌输真善美的启蒙教材，而且是一本生活的教科书，读后，宛如一股清泉悄然渗入读者心田。

　　中国的成语故事、寓言故事、民间故事、神话故事等是中国传统文化和民族智慧的一个重要组成部分。成语是中华民族语言智慧的结晶，它言简意赅，内涵深远，有言有尽而意无穷之奇趣。每一个成语背后都有一个精彩生动的故事，体现了古代人民的生活、精神和智慧。通过这些故事我们能更好地理解成语的寓意和来历，从而在学习和生活中得心应手，运用自如。故事包含了丰富的历史知识、深厚的民族情感，作为中华文化不可或缺的一部分，它有着永恒的艺术魅力，也包含了丰富的想象力。

　　故事在人类历史的文化长河中，一直占有举足轻重的位置。故事是世界上最让孩子喜爱乃至着迷的事物。让孩子品读故事，可以帮助他们开启文学性灵。世界上没有不爱读故事的孩子，故事是孩子们认知世界的一扇窗口，是开启智慧之门的一把钥匙。优秀的故事，教会了我们用心去拥抱生活，用爱去点燃希望；优秀的故事，能够使孩子学会思考，从而充实孩子的心灵。精彩的故事丰富着生活的色彩，润泽着孩子的生命。通过读故事，孩子可以学会思考，学会做人，学会爱……伴着故事成长的童年，是幸福的童年。

　　爱孩子，就送给他（她）这套《少年儿童必读丛书》吧！

内容提要

　　自然界的千变万化吸引着每一个好奇的孩子，他们都是在质疑问难中长大的。在成长的过程中，有许许多多的"什么""怎么""为什么"困扰着他们，他们对身边事物的感知能力已远远超出成年人的想象。

　　孩子们的问题有的会埋在心里，有的会向大人提出来。用浅显易懂的语言准确明了地回答孩子的问题，这绝非所有家长朋友都能做得到的。为此，我们特别选编了这本《什么怎么为什么》，奉献给少年儿童和他们的家长，来解开儿童心中的疑惑。本书涉及天文、地理、动物、植物、人体、生活、科技、军事等方面的知识，都是孩子们最感兴趣的内容。它可以让少年儿童从中了解奇妙的大千世界，解开他们心中的种种疑惑。

目录 MULU

为什么说宇宙是无限的

我们说宇宙是无边无际的，但迄今为止，还没有人知道宇宙到底有多大，就连科学家们也根本回答不出宇宙的尽头究竟在哪里。

一些科学家估计，宇宙中大约有1000多亿个星系，而银河系只是其中的一个。仅是一个银河系就有大约1000多亿颗恒星，我们通常所熟悉的太阳只是其中一颗普通的恒星。

宇宙非常辽阔，必须以光年来计算天体之间的相互距离。而一光年相当于光在一年中走过的所有路程，大约有近10万亿千米的距离。

仅仅就我们地球所属的太阳系来说，它两边的直线距离大约是120亿千米。假如我们乘坐与光速等速的火箭去银河旅行，最少要花2.3万年的时间才能飞到银河系的中心部位（银河系的直径有10万光年）。

假如乘坐光速火箭在太空中旅行，最少也要花大约4年的时间才可以到达离太阳最近的一颗恒星——比邻星。比邻星和地球之间的距离是4.22光年，大约400 000亿千米。假如以同样的速度继续前进，则必须花16万年才可以到达另一个星系。

宇宙的尽头究竟在哪里呢？迄今为止，科学家们使用仪器已经可以看到太空中大约3亿光年的距离，而且在那里发现了大量星系，而且有的天文学家甚至已经观察到大约100亿光年之外依然有星系存在。至于更远的地方，对我们而言还是个未知数。宇宙浩瀚无边，或许它真的没有尽头，所以说宇宙是无限的。

天文上为什么用光年做单位

当我们第一次接触到"光年"这个词时，为什么老觉得它是一个时间单位呢？大概是因为里边有个"年"字吧。其实，光年是一个距离单位。那么，这个单位有什么用呢？

我们通常用毫米、厘米、米和千米当计量长度的单位。例如，在日常生活中铝锅的厚度用毫米来表示；人的身高往往用多少米来表示，像某人身高一米八；当我们说两个城市或两个地区之间距离时，就要用到千米了。总而言之，在表示距离时，两者距离小时，我们用小一点的单位；两者距离大时，我们就用大一点的单位。

据测算，除了我们的太阳，离我们最近的恒星——比邻星，距离我们有 40 000 000 000 000 千米左右。你看这样书写时相当麻烦，读也不好读。再说这还是距离我们最近的一颗恒星呢，如果更远一点的话，不就更麻烦了吗？

人们观测发现：光在一秒钟内可以走30万千米。推测得知光在一年中可以走将近10万亿千米的路程。假如我们用光在一年中所走过的路程——光年，做计算单位来计算天体之间的距离就可以简单得多了！例如，刚才提到的比邻星与我们的距离就可以说是4.22光年。目前，我们观测到的距离我们最远的天体离我们有100亿光年。

当然天文学上，有时还用一个比光年小的单位来计算太阳系内部的距离。那就是一个天文单位，它指的是太阳与地球之间的平均距离，大约在 14 960 万千米。那么有比光年距离大的单位吗？有。秒差距就是一个差距大约是3.26光年，另外还有千秒差距、兆秒差距等更大的距离单位。

为什么说太阳也会熄灭

天文学家们经过长期精心研究后，肯定地说：太阳最终还是会熄灭的，但是大约要等到50亿年之后。

这就像人的一生一样，太阳及所有的恒星也有着初生期、青壮年期和衰亡期。这一个演化过程是十分漫长且复杂的，它大致可分为五个不同的发展阶段。

第一阶段就是太阳的"幼年期"。最初，原始的星云是在自身引力的作用下而不断收缩的，内部的密度、温度不断升高。经过数千万年后，便形成了原始的太阳——一个主要辐射看不见的红外线的热气体球。

第二阶段就是"青年期"。太阳内部温度继续升高，当中心的温度达到700万摄氏度时，太阳内部的热核反应就开始进行了，并且开始发射可见光。这是太阳这一生中最为漫长最稳定的时期，天文学上称之为"主序星"的阶段。太阳在这个阶段要停留大约100亿年。

第三阶段是"中年期"。太阳在度过了漫长的主序星阶段之后，就开始进入了中年期。如果太阳内部热核反应的"燃烧圈"接近半个太阳半径的时候，"燃烧"过的中心部分就将发生坍缩。坍缩的过程中将喷发出巨大的能量。这些能量，一方面使中心温度进一步提高，以至于发生进一步的核反应；另一方面促进太阳外部大幅度地膨胀，使它成为体积很大、密度很小而且内部的温度很高、表面的亮度很强的天体。天文学上称之为"红巨星"阶段。到那时，太阳的直径将会扩大到现在的250倍，水星、金星甚至整个地球都将会被吞没。太阳在红巨星阶段大约停留10亿年。

第四阶段就是"老年期"。红巨星阶段之后，太阳的内部反应过程会更加复杂，它将转变成为一颗周期性胀缩的脉动变星，犹如一个患哮喘病的老年人。这个阶段不长。

第五阶段就是"临终期"。这时的太阳，内部核能已经基本耗尽，因此，太阳的整体将会发生坍缩。在坍缩的过程中，太阳内部会被压缩成一个密度很高的核心，同时也释放出巨大的能量，它将太阳的外层"掀掉"。此时它突然增亮，变得像颗新星！其它被抛出的太阳物质在空间则成为膨胀星云；太阳内部的高密度核心则成为一颗白矮星，继而缓慢冷却。这颗白矮星是太阳的"墓碑"，它将永久地留在宇宙空间。

天文学研究表明，太阳目前正处在精力旺盛的阶段，它至少可以稳定地燃烧50亿年之久。

月亮为什么有时圆有时不圆

宋代的大文学家苏轼写的词中有"人有悲欢离合，月有阴晴圆缺"，堪称词中名句。

月有圆缺，为什么太阳没有圆缺呢？因为太阳是自己发光的，而月球却不会自己发光。月光是反射太阳照射到月球上的光。观察过月食的人都知道，月全食就是指月球上什么光都没有了，这是因为月球正好处在地球产生的阴影之内。如果是月偏食，就是月球的一部分处在地球的阴影之内。

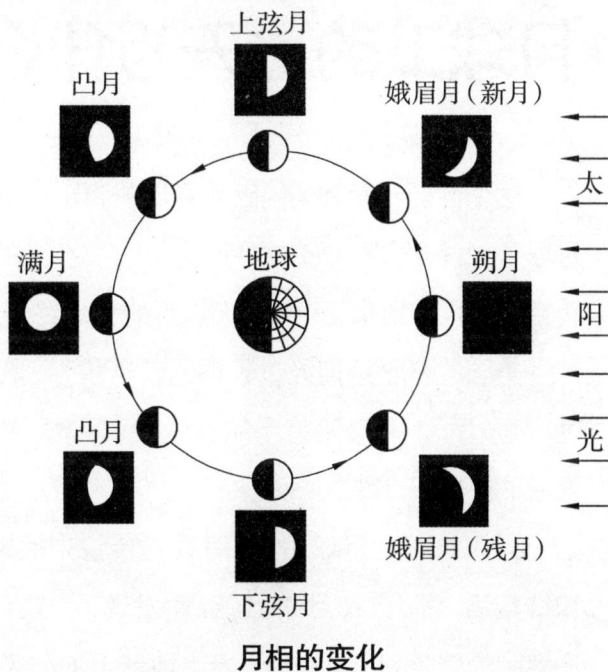

月相的变化

这是太阳光照射月球产生月光的最好证明。

除此之外，我们观察到月球在农历月之中总是天天在发生变化。月初是镰刀状的，称它为新月；月中是圆圆的，称它为满月或望月；但到了月末又变成船状的，称它为残月。月球的模样之所以在变化，正是因为月球绕地球运行，太阳光照射到月球上的方向和我们人类观察月球的视线之间有一个夹角，这个夹角总是在不停地变化，好像我们坐在火车上看一座山一样，火车不断地前进，我们前面的那座山的形状也在不停地发生变化。

月球绕地球转一圈就是农历的一个月，也就是月球变化的周期。初一时，月球被太阳光照射到的半面正好背向着地球，所以我们就看不到了。月半时，太阳照射到的月球的半面正好面向着地球，所以我们就可以看到圆的月亮了。然后又慢慢地变化，再到什么都看不见。月球就这样周而复始地变化着。

月球上的一天为什么那么长

　　这个问题不算难题，因为到目前为止，地球上已经有人光顾过月球了。古往今来，皎洁的月光引发了多少人的遐想和神往，但是随着空间时代的到来，人类上天揽月的梦想终于成了现实。

　　美国的科学家们经过长期的苦苦摸索，最终在1969年7月16日通过"阿波罗"11号飞船将宇航员送上了月球。宇航员们在月球上最长生活了整整3天3夜。

　　当人类踏上月球后，没有看到传说中的嫦娥，也没有看到吴刚和桂花酒。那么，在月球上，究竟发现了一些什么呢？宇航员们最先注意到的就是，月球上的一天比地球上的一天要长得多。

　　月球是地球的一个卫星，它环绕地球公转的同时，也在不停地做着自西向东的自转运动。因此，在月球上也可以看到太阳东升西落的景象。但是，它与地球上所看到的"日出"与"日落"的情景完全不同。

　　如果在月球上看太阳东升西落，需要很长的一段时间。自太阳从东边升起之后，一定要经过180多个小时才能升到中天；从中天移到西边"地平线"落下，也需要180多个小时；再经过360多个小时的黑夜，才算一个完整的"昼夜"。准确地说，地球上的一个昼夜是23小时54分04秒；月球上的"一昼夜"则为27.32天！月球上的白天和黑夜的情景又是什么样的呢？

　　当太阳出来之后，因为缺少稠密的大气层的阻碍，白天阳光直射到月球表面上。从月球上看去，太阳喷射着火焰，光芒四射，比地球上看到的太阳要明亮千百倍以上。月亮表面的温度通常为127℃。

极为有趣的是，由于没有空气，阳光无法散射，即使是白天在月球上也可以清楚地看见布满在漆黑的夜空中的繁星点点和因转动而"残缺"不全的地球。

太阳刚刚落下，情景立刻就大不一样了：夜幕笼罩着月球，漫漫的长夜就开始了。

月球上的黑夜长达大约两个星期，而且气温下降至零下183℃。在漆黑的夜空中，你能够看见一轮硕大的"明月"——反射着阳光的地球高挂在天空，射出耀眼的光芒，亮度足足比我们在地球上能看到的月亮的亮度大80倍。

天上的星星数得清吗

谁可以将天上的星星数清楚？没有人能数得清。这是因为天上的星星多得没法数。我们肉眼可以看见的星星并不多，大概只有3000颗左右，其它的星星我们全看不到，当然数不清了。要想数清楚这3000颗星星并不很困难，还是有办法数的。只是不是直接用手来指着星星一个个地数，而是需要一些数星星的技巧。

这个技巧便是将看得见的星星进行分组，在天上分为许多区，再利用想象中的线条将每个区域里的星星联系起来，这就构成了天文学上的星座。北斗七星为一个星座，它由7颗星组成。像这样一个区一个区、一个星座一个星座地数，这3000颗星星便能数清楚了。

可如果你由此而以为"我已经把天上的星星数清了"，那可又错了。由于你看到的仅是整个天穹的一半，还会有一半你未看到，也就是你最少还有3000颗可以看到的星星未数。即便你看到了另一半天穹，还有很多接近于地平线的星星，它们若隐若现，很难看准认定，因此还是数不清。有些人会说用望远镜看，不就能够看清楚了吗？可是麻烦事又来了，原来看不见的星星，在望远镜里面又看到了，望远镜越好，看到的星星也越多，那就更数不清了。

为什么天上的星星有亮有暗

人们看天上的星星，有的十分明亮，但有的却相当暗淡。这是什么原因呢？

决定人们观察的星星是明是暗的，主要有两个因素：一是由于星星发光能力的大小，二是星星和人们之间距离的远近。天文学家通常把星星发光的能力分为25个星等，发光能力最强的比发光能力最差的大约相差100亿倍。有些星星离人们距离近、发光能力又强，人们看到的这些星星就亮。即使发光能力相当强的星星，假如离人们十分遥远，那么它的亮度也许还不及比它的发光能力差几万倍、但离地球近的星星呢。

例如，有一颗叫"心宿二"的恒星，它的体积大约是太阳的2.2亿倍，发光能力也大约是太阳的5万倍，但因为它离地球有410光年，人们只可以看到它是一颗闪烁着红光的亮星。假如将"心宿二"移到太阳的位置，它射出来的光及热就能把地球烤焦了。

为什么金星又叫启明星和长庚星

金星是天空中最明亮的一颗行星，它的亮度只比太阳和月亮差一点儿。黎明前出现的时候，叫"启明星"或"太白星"；黄昏出现的时候，人们叫它"长庚星"，意思是长夜即将来临。金星的这个"习惯"，同它在太阳系中所处的地位有关。它的轨道在地球的轨道里面，是一颗内行星，离太阳的距离比地球近。我们在地球上看上去，它老是在太阳的东西两侧不超过48度的范围内来回移动，绝不会"跑"得太远。据天文学家计算，行星与太阳距离每差15度，升起或落下的时间就相差1小时。所以，金星总比太阳早大约3小时升起来，迟3小时落下去，只有在黎明前或黄昏时候才能见到它。

北斗星为什么能指示方向和季节

在北方的天空中有一个很著名的星座，它叫大熊星座。它是北极区最亮、最重要的星座。大熊座中有七颗比较亮的星星，它们在天空中排列成为一个勺子的形状，像古代人们盛酒的"勺"，所以称之为北斗，也称为北斗七星。北斗七星不仅能够帮助人们判断不同的方向，而且能够指示不同的季节。

北斗七星从斗身上端开始，到斗柄的末端，我国古代把它们分别称为：天枢、天璇、天玑、天权、玉衡、开阳、摇光。从"天璇"过"天枢"向外面延伸一条直线，大概延长5倍多一些，就可以见到一颗和北斗星差不多亮的星星，这就是北极星。

北极星在小熊座的尾部，是人们在夜间分辨方向的最可靠的标志。每个夜晚，星星就会从东向西移动（事实上是我们的地球在由西向东进行自转），但北极星会原地不动。这是由于北极星所在的位置刚好是地球自转轴线北端所指的位置，而且处在地球北极的正上方。北极星所在的方向，就是地球的正北方。

北极星距离我们相当遥远，看上去也并不特别明亮，但它所处的位置很重要，能帮助我们辨认方向。

由于北斗七星一直在天空缓慢地相对运动，季节不同，北斗七星在天空中的位置也不太相同。所以，我国古代的人们就根据它的位置变化确定季节："斗柄东指，天下皆春；斗柄南指，天下皆夏；斗柄西指，天下皆秋；斗柄北指，天下皆冬。"

北斗七星中，"玉衡"为最亮，亮度差不多接近一等星。"天权"为最暗，它是一颗三等星。其他的五颗都是二等星。在"开阳"的附近还有一颗很小很小的伴星，叫"辅"，它一贯以美丽、清晰的外表引起人们的注意。据说，古代的阿拉伯人征兵时，把它当做检验士兵视力的"试验星"。

白天为什么看不见星星

提到星星，我们总是会联想到黑夜，好像星星仅在黑夜中才有；

就好像说到太阳，总能联想到那碧空万里的白昼一样。

是的，说到太阳，总是离不开白昼，因为白昼本身便是太阳带来的；但是星星呢，难道说真的只是黑夜里才有吗？

星星是什么？是天体。在这些天体里我们所看得见的，除了少数的几个是行星之外，绝大多数都是恒星。它们一年到头、一天到晚全亮着。

既然星星在白天里同样亮着，那么为什么我们看不到它们，一定要到黄昏之后才可以看得见呢？

这是由于白昼时，太阳的一部分光线被地球大气所散射，将天空照得很明亮，让我们看不出星星来了。若没有大气，天空是黑洞洞的，即便阳光十分强烈，同样能见到星星。

有无办法在白昼里看星星呢？有，只要用一架天文望远镜便可以了。通过天文望远镜，我们就能在白昼观看星星。其中有两个原因：第一，天文望远镜的筒壁将大部分散射于大气中的阳光挡住了，而人工造成了一个"小黑夜"；第二，望远镜里的透镜发生了折射作用，让天空黯淡下来，使恒星的光点加强了。因此，星星便又显露了它们的本来面目。

用天文望远镜在白昼观看星星，亮度不强的星星同样不容易看到。尽管如此，毕竟证明了星星在白天同样是能看得到的。

星星为什么有不同的颜色

我们在晴朗的夜晚仰望天空，就会发现满天星斗闪闪烁烁地向人们眨着眼睛。假如你仔细观察，就会发现，星星不但亮度不相同，而且颜色也各不相同，有红色的、橙色的、黄色的、白色的、蓝白色的。这是什么原因呢？

因为星星的一生与人一样，从出生到衰亡必须经过青年期、中年期以及老年期。星星从诞生到中年期，温度不停地上升，一直到中年期达到顶峰。中年期过后，能够供热核反应的原料渐渐耗尽，温度也开始下降，一直到死亡，最后变成白矮星。在这个变化的过程中，恒星的颜色是随着温度的变化而不断改变的。而表面温度相当低的恒星一般呈现红色，其次为黄色；表面温度高的恒星一般是白色以及蓝白色。我国著名史书《史记》曾记载，两千多年前的汉代，参宿四都是黄色的，但是今天我们所观测到的参宿四却都是浅橙色的，这就说明参宿四的温度在慢慢降低，它正从壮年走向老年。

一般太阳的表面温度大约是6 000℃，现在正是它的"中年"时期，因此太阳看起来是黄色的。在天空中最亮的恒星要数天狼星，因为它表面温度大约为10 000℃，因此看起来是青白色的。

流星雨是怎么形成的

流星是星际空间的细小物体和尘埃飞入地球大气层，跟大气层摩擦发生光和热的现象。夜晚在天空中不只常常可以见到单独的流星，有时同样能见到整群的"流星雨"。几十条甚至几百条亮光同时划破天空，就好像放了一个大焰火似的，十分美丽。

出现流星雨的道理与流星同理。不同的只是：流星雨是地球在运行过程当中，遇到了一大群宇宙尘粒（流星群）而造成的一种现象。

太阳系里面有着很多各种各样的小天体，它们都各自依自己的轨道与速度运行。这么多小天体有时也会发生碰撞，碰撞使得大块的碎裂成为一大群小块的，或者在碰撞之后好多小块聚集成为群，它们都沿着同一轨道运行，这样就形成了流星雨。

有的流星群与彗星有好大的关系。彗星在运行的时候，因为内部气体爆炸，在太阳压力的作用下，或与流星体碰撞，进而逐渐瓦解。瓦解过程当中抛出的尘粒渐渐脱离彗星，便形成了流星群。

因为流星群的尘粒都沿着椭圆轨道分布，所以有一定的公转周期。地球的轨道与某一流星群中的轨道相交，那么地球最少每年在相同的日期中穿过流星群一次，便产生了流星雨。另外一类流星群，它们的尘粒物质大量地集中在一起，这一团流星尘粒每公转一周之后才能重新与地球相遇。像狮子座流星群，它的公转周期是33年。

到现在为止，发现的流星群已经有500多个，像著名的天琴座流星群、英仙座流星群、天龙座流星群、狮子座流星群等。

什么是黑洞

黑洞是一种非常神秘的天体。它的体积很小，但密度却大得惊人，每立方厘米就有几百亿吨甚至更高。由于它的密度大，所以引力

也特别强大。不管什么东西，只要被它吸进去，就别想"爬"出来，连跑得最快的光也逃脱不掉黑洞的巨大引力。

由于黑洞本身不发光，所以用任何强大的望远镜都看不见黑洞。尽管如此，大多数科学家仍相信，宇宙中有着许许多多黑洞。当大质量的恒星演化到晚年，经过超新星爆发，就有可能坍缩成黑洞。在宇宙早期，也会形成一些小黑洞。小黑洞的体积只有原子核那么大，质量和一座山差不多，达到上亿吨，里面蕴藏的能量相当于10个大型的发电站。

黑洞就像一个谜，没有人能看见它。但黑洞强大的吸引力会影响它附近的天体，这些天体在被黑洞吸引、吞没的过程中，会发射出X射线或γ射线，而一旦落入黑洞，便无影无踪。科学家就是通过观测这些射线，发现了黑洞的蛛丝马迹。例如，天鹅座X—1的伴星可能就是一个黑洞。还有科学家认为，银河系的中心也存在一个巨大的黑洞。

太阳系里其他星球有生命吗

至今为止，在太阳系的八大行星之中只有地球上存在着生命。这是什么原因呢？

如果要回答这个问题，我们就要知道产生生命和生命存在的条件是什么。

进化论告诉我们，生物的进化是从低等到高等、从水生到陆生、从单细胞到多细胞逐步进化而来的。产生生命的先决条件是：必须具备从无机物到有机物、从有机物到大分子结构有机物、从大分子结构有机物到生命形成的各种各样的条件。产生生命以后，还要有着生命可以生存的环境。

在八大行星之中，只有地球才符合条件，而其他的行星上没有适应生命生存的环境。现在，我们只要分析与地球最相近的两颗行星——金星和火星，就可以说明这个问题。金星要比地球靠近太阳，由于这个原因，它的表面温度达到了450℃之上，即使在夜晚，金星上的温度也足以把岩石烧至熔化。在这种环境中生命如何能够产生，又如何能够生存呢？

至于火星，它比地球远离太阳，所以表面温度比地球低得多，虽然火星午间的温度为30℃，晚间为零下150℃，似乎可以适合生命存在，但是火星上没有水，而水又是生命赖以生存的物质。对火星探测已经说明，火星上没有生命存在。

因此，科学家们把金星和火星运行的轨道之间的区域称为太阳系的生命圈。所以说，地球是一个幸运儿，它有着得天独厚的条件，使生命能够在这里繁衍生存。

极光是怎么产生的

在地球两极，经常出现绚丽多彩的极光。

极光是怎么产生的？科学家们发现，远离地球1.5亿千米的太阳连续不断地向各个方向发射高速粒子流 (通常称做 "太阳风") ,因地球磁场的阻挡作用,粒子流只能进入地球两极的大气层中,在那里与大气中的粒子发生碰撞,迸发出耀眼的光线,这就是极光。

最近,据科学研究得知,极光是出现在两极地区97~500千米高空的一种非常强大的放电现象。极光宛如天空中一个强大的发电机,能发出高达1亿千瓦的电力。如此强大的能量常常扰乱无线电通信,甚至使电力传输线发生故障,曾使加拿大、美国北部及北欧广大地区暂时性失去电力供应。

人类对极光的研究是很重视的,挪威、瑞典和芬兰三国是世界的极光研究中心。

威力强大的太阳爆发,每11年发生1次,这时极光的能量最大。在太阳活动剧烈的年份,科学家们积极搜集有关极光的资料,在世界各地安置了许多架远距极光摄影机,在瑞典、芬兰深入北极圈内的两个地区建立了灵敏的雷达站,以探测太空中极光的活动状况。

有人曾设想,在靠近北极的地区,建造一座100多千米高的巨型铁塔,把极光的巨大电能引下来,为人类造福。在科学技术高度发展的今天,将极光作为能源的设想一定会实现。

化石是怎么形成的

通俗地说,化石就是生活在遥远的过去的生物的遗体或遗迹变成的石头。

在漫长的地质年代里，地球上曾经生活过无数的生物，这些生物死亡后的遗体或生活中遗留下来的痕迹，许多都被当时的泥沙掩埋起来。在随后的岁月中，这些生物遗体中的有机质分解殆尽，坚硬的部分如外壳、骨骼、枝叶等与包围在周围的沉积物一起经过石化变成了石头，但是它们原来的形态、结构（甚至一些细微的内部构造）依然保留着；同样，那些生物生活时留下的痕迹也可以这样保留下来。我们就把这些石化了的生物遗体、遗迹称为化石。通过研究化石，科学家可以逐渐认识遥远的过去生物的形态、结构、类别，可以推测出亿万年来生物起源、演化、发展的过程，还可以恢复漫长的地质历史时期各个阶段地球的生态环境。

赤潮是怎么形成的

近年来，我国沿海地区经常出现大面积的赤潮。受赤潮影响，这些海域中的鱼虾、贝类大量死亡，经济损失十分惨重。更为严重的是，当赤潮发生时，还有大批居民因食用海产品而出现腹痛、恶心等中毒症状，危及生命安全。

赤潮是生活在海洋中的某些生物遇到合适的环境条件而出现急剧繁殖或大量地聚集在一起，使大面积的海水颜色发生改变的一种现象。在赤潮来临时，由于海洋生物的呼吸器官被大量繁殖的浮游生物"堵塞"，引起海洋生物大量死亡；同时，浮游生物的急剧繁殖和海洋生物的死亡，又消耗了海水中大量的氧气，使海水变成生物无法生存的"死水"。赤潮还会产生有毒物质，对环境和人类的危害也相当严重。

赤潮发生主要有两个原因：一是人类经济发展与生活活动引起河流及人工排污量增加，使许多海域中的营养物质大量过剩；二是大量人工养殖池废水排放，引起局部区域自身污染严重。另外，近年来海洋自然环境与世界气候条件的变化，如海水流动性差，全球气温上升等，也会对赤潮的形成产生影响。

天上的水为什么下不完

年年都下雨、下雪，天上的水为什么下不完呢？

水，是一切生物赖以生存的基本条件。水在地球上分布极广并且贮量丰富，地球上水的总量约为13亿6000万立方千米，主要分布在地球表面。此外，地下、动植物体内及大气中也含有一定的水。

水的存在状态有三种：水在常温下为液体；温度降至0℃以下时凝结为固体，称为冰；温度升到100℃时，水就变成水蒸气。在常温下，水也能蒸发成为水蒸气，冰也能直接升华为水蒸气。水蒸气遇冷会凝结成水，温度低于0℃时水蒸气也可直接凝华成冰。冰受热融化为水。

水在变成冰的过程中放出热量，冰变成水则吸收热量；水变成水蒸气时需要吸收热量，水蒸气凝结成水时则放出热量。同样，冰在升华和水蒸气凝华时也要吸热和放热。

水的这些复杂变化，便形成了丰富多彩的自然现象。水的这三种状态之间的变化称为水的内部循环。

江河、湖泊、海洋里的水及土壤和动植物体内的水，受到太阳光的热而蒸发变成水蒸气，水蒸气受到大气的浮力上升到空中，水蒸气在空中受冷后凝结成云，云又集结成为雨或雪，受到地球的引力而降落回海洋或陆地。

降落到陆地上的雨水或融化的雪水，一部分流入江河，汇入大海；一部分渗入地下，变成地下水；一部分又被蒸发到空中。

渗入地下的那一部分水，一部分由土壤蕴含着；一部分被植物吸收；一部分则汇集成地下水流。其中有些地下水流又从岩石缝或断层中喷出地面，形成美丽的喷泉。最后"水流千遭归大海"。这样水不停地从地面、地下蒸发到空中，又在空中凝结落回到地面，便形成了水的外部循环。

由于水永不停歇地循环，所以天上的水永运也下不完。

为什么海水无色而大海呈现蓝色

我们站在轮船上看大海，海水总是碧蓝碧蓝的。但是，如果舀一勺海水看看，就会发现海水并不是蓝色的，而是像自来水一样，是无色透明的。这是怎么回事呢？

其实这是太阳光在变戏法。我们知道，太阳光是由红、橙、黄、绿、蓝、靛、紫七种色光组成的。当太阳光照射到大海上时，波长较长的红光和橙光由于透射力最大,能克服阻碍,勇往直前。它们在前进的过程中,不断被海水和海洋中的生物所吸收。而蓝光、紫光等,由于波长较短,一遇到海水的阻碍就纷纷向四面八方散射开来,甚至被反射回去,只有少部分被海水和海洋表面生物所吸收。

大海看上去是蓝色的,就是因为这部分被散射和被反射的蓝光和紫光进入了我们眼中。海水越深,被散射和被反射的蓝光就越多,看上去也就越蓝了。

为什么红海的海水是红色的

红海位于亚洲与非洲之间,海水不仅清澈透明,而且水温较高,很适合游泳、洗浴。所以,红海历来为世界上最著名的海滨休闲胜地,每年吸引大量游客在这里旅游度假。不过,红海最吸引人的地方,却是它常呈现为红色的海水。

红海地区的气候炎热干燥,海水蒸发强烈,这使红海的海水含盐量大、水温高。这些条件,正适合蓝绿藻类在这里大量繁殖生长。其实,蓝绿藻类的颜色并非蓝绿色,而是红色。在海水中出现大量的红颜色藻类,海水自然就被映照成红色了。

其次,来自非洲撒哈拉大沙漠的红色沙尘暴经常侵袭红海上空。当狂风卷起一阵阵红色沙尘散布在红海上空时,天空便被染成一片红色。加上红海中被大风掀起的红色海浪,天空、海水,还有海岸边的红色岩壁,所有的一切都映现出红色,从而形成了美丽奇特的红海景色。

什么是大气

　　小明的爸爸妈妈都是从事气象科学研究的专家。可能从小就受家庭熏陶的缘故吧,他非常喜欢自然科学,对科学课颇感兴趣,所以老师叫他当科学课代表。暑假里,爸爸和妈妈为小明举办了"大气知识讲座"。

　　暑假里的第一个周末,妈妈像往常一样,一大早就起来做饭。爸爸则打开了DVD播放机,播放他刚刚从美国带回来的一张DVD光盘。由于是美国英语原声,小明听不懂,所以要靠爸爸当翻译。

　　屏幕上是浩瀚的茫茫宇宙,地球围绕太阳不停地旋转着。爸爸随着画面的变化讲解着。

　　地球是太阳系里的八大行星之一,这在科学课里已经讲过。地球与众不同,它是太阳系中极特殊的成员。这主要是因为地球拥有一个含丰富氧气的大气层。正是由于有了这个大气层,才使得地球慢慢演变出今天这样丰富多彩的生命世界。人在天冷的时候,总要穿外衣的。地球也有一件厚实的"外衣",这就是大气。

　　大气是包围在地球周围的一层气体。大气也称为"大气圈"或"大气层"。地球共有"五大圈",也就是土石圈、水圈、冰雪圈、生物圈和大气圈;大气圈是五大圈之一。它是地球上一切生命赖以生存的气体环境,也是人类的保护伞。

　　如果我们从太空看地球,就会看到大气好像是蒙在地球表面上的一层浅蓝色面纱。

　　大气的范围有多大? 它在水平方向上包围了整个地球;在垂直方向上,它的厚度已超过地球上最高山峰的高度和最深海沟的深度。雄伟的珠穆朗玛峰海拔8844.43米，是世界最高峰，但它的高度还没超过大气层的对流层。科学家已经探明，大气的上界已与行星际气体逐渐融合在一起。然而，人类活动的范围仅仅限于大气层的底层，风、霜、雨、雪、雷电等天气现象也多发生在20千米以下的大气层中。

大气是看不到、摸不着的，但是，大气和金属、木材等所有物质一样是有质量的。所谓"质量"，也就是人们常说的"重量"，但"重量"一词属于废弃名称，所以我们就不再使用了。大气层的质量是很惊人的，约为5250万亿吨！这相当于5座喜马拉雅山的质量。

但是，大气层质量的垂直分布是"头轻脚重"的，99.9%以上集中在50千米以下的范围，而在50千米以上的浩瀚大气中，所含的大气质量还不到总质量的0.1%。由此可见，大气层越向上空气越稀薄。据测算，在360千米高空的大气中，大气密度只有海平面附近的万亿分之一。

大气是维持人体生命的第一需要。人可以几天不吃不喝，却不能不呼吸。我们游泳时就有这样的感觉，把头扎在水里过不了一会儿就憋得受不了。同样，各种生物也需要呼吸。大气的存在还为人类生存提供了适宜的温度条件，否则，白天太阳可将赤道附近的地面烤热到80℃以上，而在夜间又会降到−100℃。一天之间温差如此悬殊，人类是难以生存的。大气层像一把巨伞，挡住了紫外线、X射线以及宇宙线等多种对人体有害的射线，消除或减轻了来自星际空间的流星对地表的袭击，从而保护了地球上所有的生物。

大气层有多厚

　　少年儿童朋友们一定都想知道: 地球的"外衣"——大气层到底有多厚? 这的确是一个令人很感兴趣的问题。

　　古代没有飞机、火箭、人造地球卫星和宇宙飞船, 那时的科学家研究大气完全是靠登山来实现的。直到18世纪末, 人们所能接触到的高层大气似乎还从未超过高山的山顶。在当时, 欧洲各个科学研究中心附近最高的一座山要算瑞士的勃朗峰了, 但也只有5千米高。后来, 人们又借助热气球来观察大气, 但仍然有局限性。直至人类发明了飞机、火箭、人造地球卫星, 才对大气层有了更科学的认识。

　　人类经过不懈的探索和追求, 对大气层的认识越来越清晰了。科学家们发现, 在不同的高度上, 大气的情况是在变化的, 于是就人为地把大气分成5个不同的层次, 以便于更好地研究大气。这5个层次自下而上分别为对流层、平流层、中间层、热层和外层。

　　对流层离我们最近, 它的下界是地面。它的上界因纬度而有差异: 低纬地区在17~18千米; 中纬地区在10~12千米; 高纬地区在8~9千米。在这个范围内, 大气的温度随着高度的增加而不断下降, 在11千米附近, 温度下降到$-55℃$。在对流层里, 大气活动异常激烈, 或者上升, 或者下降, 甚至还会翻滚。正是由于这些不断变化着的大气运动, 形成了多种多样复杂的天气变化, 风、云、雨、雪、雾、露、雷、雹也多发生在这个层次里, 所以, 也有人称这一层为气象层。

　　平流层是从对流层顶向上至55千米这个范围。在这一层里, 温度不再像对流层里那样不断下降了, 它几乎不发生变化, 然后随高度增加而增加, 到平流层顶温度可达$-3~17℃$。这里空气成分几乎不变，水汽与尘埃几乎不存在，经常是晴空万里，能见度非常好。平流层中臭氧比较集中，在25千米高处臭氧最多，形成了所谓的臭氧层。臭氧能强烈地吸收紫外线，它对地球上的生物非常重要。

中间层是从平流层顶向上，也就是从55千米到80千米这个范围。在这里，温度随高度增加而下降，在80千米左右达到最低点，约为−90℃。

热层是从中间层向上，也就是从80千米到500千米这个范围。这里温度随高度的升高而迅速上升，最高能达到2000℃，所以称为热层。在这里空气高度稀薄，而且多处在高度电离状态。

外层又叫逃逸层，是500千米左右以上的大气层，这一层顶也就是地球大气层的顶。在这里地球的引力很小，再加上空气特别稀薄，气体分子互相碰撞的机会很小，因此空气分子就像一颗颗微小的导弹一样高速地飞来飞去；一旦向上飞去，就会进入碰撞机会极小的区域，最后它将告别地球逃逸层。但总的说来，逃逸掉的大气是很少的，几乎可以忽略不计。这一层温度极高，但近于等温。这里的空气也处于高度电离状态。

大气层除了以上分的5层外，科学家们根据大气电离状态，又将60千米以上的大气层称为电离层。电离层在远距离无线电通信方面起着很重要的作用。无线电波借助于在地面和电离层之间的多次反射而传播，实现了远距离无线电通信。人们形容电离层为"一面反射电波的镜子"。不过，电离层反射的只是普通的无线电广播采用的波

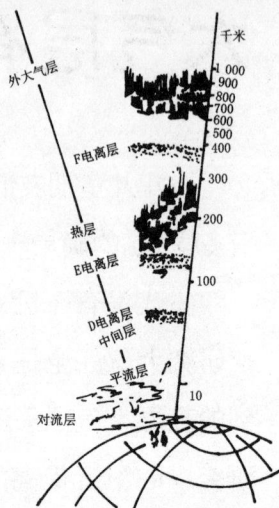

段，对于波长较短的无线电波则起不到反射作用。电视机采用的恰恰是波长较短的无线电波，这就是电视机为什么收看不到远处电视台节目的原因。为了能收看到大洋彼岸的电视节目，科学家们利用在赤道上空3.6万千米高度的静止地球卫星来传播电视信号，使生动的电视画面越过大洋或大陆，送到千家万户。

在大气科学中有时还将500千米以上的大气层称为磁层。因为在这里，地球磁场对大气的运动起着决定性作用。磁层在太阳风的作用下发生一系列变化：向着太阳的一面被压缩了，而在背着太阳的一面形成了一个类似于彗星一样的长尾巴——磁尾。向着太阳的一端距地心约十几个地球半径，即7万~8万千米；它的背着太阳一端的尾长约100个地球半径，即600多万千米。太阳风与磁层之间的边界即为磁层顶，顶以外即为星际空间。因此也有人认为磁层顶才是大气层的顶。磁层尽管离地球表面很高，但对人类确实能起到保护作用。如果没有磁层，威力巨大的太阳风会把臭氧层吹掉，甚至还会把整个大气层统统吹走。这是多么可怕的景象啊！

遭到雷击是报应吗

盛夏7月一天的午后3点多钟，乌云翻滚，接着传来了震耳欲聋的雷声。正在铲地的赵家沟村民们赶紧收工往家跑。不一会儿，倾盆大雨伴随着冰雹落下来。亮亮的爸爸因为有腿疼病，扛着锄头走在最后，亮亮的叔叔陪着他。眼看快到家了，忽然一道亮光闪在他的锄头尖上，只听"咔嚓"一声，雷电把他击倒了。当乡亲们闻讯赶来时，他已经永远地离开了……

赵家沟是个比较落后的山沟，封建迷信还没有完全杜绝，对于亮亮爸爸的死，众说纷纭。有人说，这是"雷公""电母"在作怪，是老天爷的"报应"，亮亮的爸爸肯定做过什么坏事。不然的话，为啥光他遭雷击而没击旁人呢？特别是亮亮的叔叔就在他旁边，怎么没事呢？

风言风语传到亮亮的耳朵里，这个初中生压力很大。特别是同村的几个小伙伴，也背着他嘀嘀咕咕的，这使亮亮很难过。

有一天，他实在忍不下去了，便把爸爸被雷电击死以及村里人、班上同学说三道四的详细情况报告了教物理课的班主任周老师。

周老师对这件事很重视，她抽时间给同学们上了一堂雷电知识课。

周老师讲道："其实，打雷、闪电，是因为云里带有电。世界上对雷电最早做出科学解释的是我国东汉的王充。他在《论衡》一书中说：'雷者，太阳之激气也，何以明之？正月阳动，故正月始雷；五月阳盛，故五月雷迅；秋冬阳衰，故秋冬雷潜。'意思是：'雷是由太阳照射激动空气而产生的。正月，太阳照射开始加强，故开始打雷；五月，太阳照射最强，所以雷势迅猛；到了秋冬季，太阳减弱，就没有雷了。'

"1752年，还是一个普通印刷工人的富兰克林，在雷雨交加的荒野上

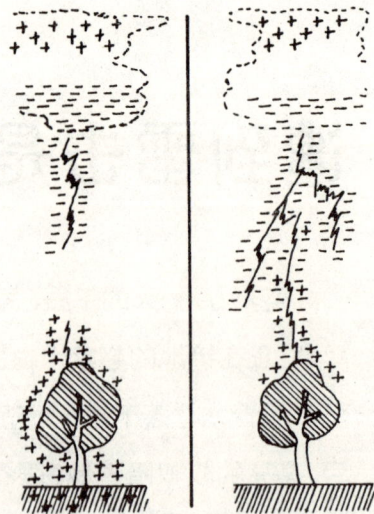

做了一个著名的'风筝实验'。他把一只大风筝放到天空,从风筝上引下一根很细的铜丝。风筝乘风不断上升,当钻入云里以后不久在铜丝末端就出现了电火花。他冒着生命危险证实了雷雨云中是带电的。

"在云的不同部位聚集着两种极性不同的电荷。由于电荷的存在,在云的内部和云与地面之间形成很强的电场。一旦条件成熟,就会在云与地面之间、云与云之间、一块云的不同部位之间爆发出强大的电火花,这就是闪电。闪电的过程很快,用肉眼看,一次闪电只是短暂的一闪,就在这一瞬间,却发生了很复杂的物理过程。科学工作者用高速摄像机摄下了闪电的全部过程。原来,一次闪电是由几次放电脉冲组成的。所谓脉冲,是指电流或电压的短暂起伏过程。脉冲一个接着一个,脉冲之间的间歇为百分之几秒。后来的脉冲沿着第一个脉冲所经过的通道进行。闪电实际上是一种断断续续的放

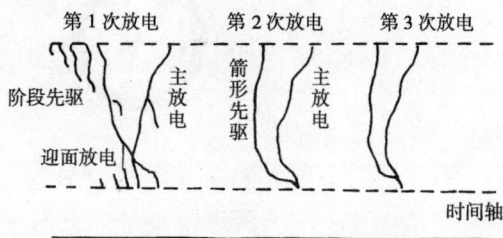

第1次放电　　第2次放电　　第3次放电

阶段先驱　　主放电　　箭形先驱　　主放电

迎面放电

时间轴

电现象,每一次闪电有几次到几十次的放电冲击,一次闪电的全过程仅为零点几秒。所以,我们看到的闪电总是一闪一闪的。地面与云体间放电的过程非常快,速度高达几万千米每秒。我们平常所说的'迅雷不及掩耳',就是指云地闪电造成的落地雷。闪电通道内的电流很大,可达几万到十几万安培。然而,闪电通道的直径仅有十几到几十厘米。在这么狭窄的空气柱里流过这么多的电流,空气必然被烧得炽热。闪电时,周围的空气温度高达2万℃,所以,常见闪电是白光。同时,因为闪电通道狭窄,有时几个人在一起行走,只有某一个人会遭雷击,其他人可能安然无恙。"

听到这里,同学们恍然大悟:怪不得亮亮的爸爸遭雷击,而亮亮的叔叔却没事。

周老师接着往下讲:

"有闪电时,空气受热迅速膨胀,引起闪电通道内产生与爆炸相仿的声波震荡。这种空气的震荡传到我们耳朵内就是雷声。实际上,这种声波是一种冲击波,它以5千米每秒的速度向四面八方传播。冲击波的破坏能力极强,离闪电5米的玻璃窗可以被震碎。一次闪电的雷声延续时间为30~40秒,有时长达1分钟。

"人们总是先看到闪电后听到雷声,其实,闪电和雷声是同时发

生的，只不过光的传播速度快，为30万千米每秒，而雷声的传播速度只有340米每秒，比光速慢得多。通过闪电和雷声的间隔时间就能计算出闪电离我们有多远。这很简单，只要用340米/秒乘以间隔秒数就可以了。"

周老师最后说："预防雷电的惯用办法，是在高大建筑物上安装避雷针。因为雷电喜欢走'捷径'，所以，高大的建筑物如果不安装避雷针最容易被击坏。雷雨天气里要关好门窗，不要使用电器，不要在大树下和高大物体下避雨。在野外行走时不要拿金属物品。像亮亮的爸爸，如果当时不扛锄头，就不至于遭雷击。"

亮亮同村的同学把周老师讲的雷电知识讲给家长们听，大人们也懂得了不少科学道理。从此以后，再也没人相信"雷击是'报应'"的无稽之谈了。

秋天为什么"天高气爽"

有人把秋天的气候描写为"天高、云淡、气爽"，是有一定科学道理的。

"天高"又叫做"秋高"。就是说，入秋以后，南方暖流开始从北半球向南方撤退，北方的寒流步步逼近，开始占领北半球，当寒冷而干燥的寒流驱走温暖而又潮湿的暖流时，空气中的水分减少，气温显著下降，天空常常是万里无云、湛蓝湛蓝的；纵然有几朵云彩，也是"秋云多巧"、变幻无穷，不像春冬季节，天上的云总是一片灰暗；也不像夏天，浓云遮日，时而雷鸣，时而电闪。秋天，云总是淡淡的，看起来好像天也变得高了。

由于空气中的水分减少了，气温降低了，从西北方向来的凉风代替了从东南方向来的热风，天气不再像夏天那样炎热，汗也出得很少了；即使出一点儿汗，也容易挥发，人也就感到凉爽舒适了。这就是"气爽"的原因。

当然，秋天并不是每天都天高、云淡、气爽，也有"秋老虎"和"埋汰秋"的天气。"秋老虎"是我国民间对立秋后重新出现短期炎热天气的俗称。一般发生在8、9月之交，持续日数为一周至半月。主要是因为副热带高压再度支配江淮流域，气温回升，形成闷热天气。"埋汰秋"是农民对秋收时出现的连阴雨天气的称谓，这种天气在我国北方也会发生。

什么是温室效应

我们都见过玻璃花房和塑料菜棚，房外冰天雪地，房内却温暖如春。

太阳光中的可见光透过玻璃、塑料薄膜被花、菜和其他物体吸收，将光能转变为热能，使房间里增温变热，以热的形式贮存起来。假如没有玻璃或塑料薄膜的遮挡，这些热会很快地以红外线辐射的形式回到空间中去。但红外线是不容易穿透玻璃的，所以玻璃花房中的热量便在里面积聚起来，这便成了温室。通过这种途径得到多余热量的效应，称为温室效应。

　　地球大气层充斥的氧气、氮气等气体既可以让太阳光穿过，也可以让地球表面增温变热时所释放的红外线穿透去。但是，地球大气里所含的二氧化碳，能让可见光穿过，却会吸收红外线。这就意味着，当大气中有大量二氧化碳存在时，它就会阻止热量从地表散发出去，结果，热量便积累起来。所以二氧化碳正像温室的玻璃一样，使地球产生了温室效应。相反，当大气中的二氧化碳含量降低时，地球就会慢慢地变冷。据科学家估计，如果目前大气中的二氧化碳浓度增加一倍，即从0.03％增加到0.06％，那么，这一点点"微小"的变化就足以使地球的总温度上升3℃，从而会使地球上的冰川融解。反之，如果大气中二氧化碳含量减少一半，那么地球温度就会下降到足以使冰川面积扩大3倍。

　　20世纪以来，人类盲目地砍伐森林、破坏环境，无休止地燃烧石油和煤，使地球大气中的二氧化碳含量由0.03％上升到0.04％，由二氧化碳增加而引发的温室效应会使地球平均温度每一百年升高1.1℃。那么地球上的冰川将在几百年内全部融解为水体，所有沿海城市都将会沉入海底。这是一件多么可怕的事啊！愿我们地球人类珍惜自己创造的文明，再不要愚蠢地破坏自己居住的环境了。

冰雹为什么不会出现在冬季

　　冰雹和雷雨同出一家，它们都来自积雨云。产生冰雹的积雨云升降气流特别强烈，这种积雨云又称为冰雹云。积雨云是空气不稳定的产物。而空气强烈不稳定的现象，在阳光强烈的暖湿季节最容易发生。那时空气中含的水汽很多，而且低层大气又易被太阳晒热的地面烤热，形成下热上冷的很不稳定的上升气流，而空气强烈对流就会发展为能产生冰雹的积雨云。积雨云中的上升气流很强，足以把云中较大的小冰晶托住并带往更高空，小冰晶在高空会逐渐增大成冰雹块，使云中冰雹随着气流的反复升降，不断与沿途的小冰晶、小水滴等合并，形成具有透明与不透明交替层次的冰块；当冰块增大到一定程度、上升的气流无法托住时，就降落到地面上来，这便是冰雹。由于冰雹云云顶可伸展到距地面10千米以上，所以，即使在夏季，空中也有足够厚的低于冰点的低温区可以孕育冰雹块。上升的气流越强烈，形成的冰雹就越大。在冬季一般不会产生强烈的对流天气，所以冬季不会出现冰雹。

动物为什么对地震敏感

从听觉来说，人的听力范围是20~20 000赫兹，但很多动物可以听到更低频率的声音，而地震更多的是发出次声。

从触觉来说，相比人类两足行走，大多数动物接触地面的面积更大。另外，有一些动物的触觉本就十分灵敏，比如蛇，它能感知地面震动获取猎物的方位与距离。

许多动物的某些器官感觉特别灵敏，它能比人类提前知道一些灾害事件的发生，例如海洋中水母能预报风暴，老鼠能事先躲避矿井崩塌或有害气体等等。至于在视觉、听觉、触觉、振动觉、平衡觉器官中，哪些起了主要作用，哪些又起了辅助判断作用，对不同的动物可能有所不同。伴随地震而产生的物理、化学变化（振动、电、磁、气象、水氡含量异常等），往往能使一些动物的某种感觉器官受到刺激而发生异常反应。如一个地区的重力发生变异，某些动物可能能够通过它的平衡器官感觉到；一种振动异常，某些动物的听觉器官也许能够察觉出来。地震前地下岩层早已在逐日缓慢活动，呈现出蠕动状态，而断层面之间又具有强大的摩擦力，于是有人认为在摩擦的断层面上会产生一种每秒钟仅几次至十多次、低于人的听觉所能感觉到的低频声波。每秒20次以上的声波人才能感觉到，而动物则不然。那些感觉十分灵敏的动物，在感触到这种声波时，便会惊恐万状，以致出现冬天蛇出洞、鱼跃水面、猪牛跳圈、鸡飞狗吠等异常现象。震前反应异常的动物种类很多，有大牲畜、家禽、穴居动物、冬眠动物、鱼类等等。震前动物反常的情形，人们有几句顺口溜总结得好：

> 震前动物有预兆，群测群防很重要。
>
> 牛羊骡马不进厩，猪不吃食狗乱咬。
>
> 鸭不下水岸上闹，鸡飞上树高声叫。
>
> 冰天雪地蛇出洞，大鼠叼着小鼠跑。
>
> 兔子竖耳蹦又撞，鱼跃水面惶惶跳。
>
> 蜜蜂群迁闹哄哄，鸽子惊飞不回巢。
>
> 家家户户都观察，发现异常快报告。

除此之外，有些植物在震前也有异常反应，如不适季节的发芽、开花、结果或大面积枯萎与异常繁茂等。

斑马身上的花纹有什么用

斑马形状如驴，是非洲特产的哺乳动物，生活在山地、草原的稀疏林区，身上长着黑白相间的光滑条纹，很像一幅人工描绘的图案，在阳光的照射下显得非常美丽，故名"斑马"。

斑马以青草和嫩树叶为食，喜欢群体生活，常由一头首领带着进行活动和觅食。它善于奔跑，听觉、视觉和嗅觉都很发达；发觉可疑情况，轮流担任警哨的斑马会立即发出"警报"，斑马群便集体逃跑。它的自卫和抗敌能力较差，常遭狮子的袭击和追击。

遇到这种情况，有时斑马也会成群踢起后蹄，与敌展开搏斗。斑马身上条纹的宽窄，与种类有关。美丽的条纹可以看做是同种之间相识的标记，更重要的是，以条纹作为适应环境的保护色。

当阳光或月光照在斑马身上时，由于斑马身上的黑白颜色吸收和反射光线的程度不同，可以将其身躯的轮廓打乱，使其形状变得模糊，不易分辨，很难与周围环境区分开来。如果它站着不动，就是距离很近，也很难辨出它来，目标不容易暴露，就可减少被猛兽侵害的机会。

这种保护色一方面是长期自然选择的结果；另一方面，斑马身上的条纹还有大家不熟悉的另一个作用——减少昏睡病的发生。昏睡病是非洲的一种传染病。患病的人、畜昏睡不醒，甚至死亡。正如疟蚊叮咬传播疾病一样，昏睡病的传播是由一种名叫"采采蝇"的蝇类叮咬畜、兽所致。实验证明：条纹花型动物比单色动物被"采采蝇"叮咬的次数要少得多！这就使得斑马很少患昏睡病。

狗为什么是色盲

有时候科学家们真有点像魔术师,他们不但可以制造出各种新鲜玩意儿,还能告诉我们许多出乎意料的事,比如说狗是色盲。判断人是否色盲,只需让人们从花花绿绿的一片中辨认出几个简单的数字或图像就可以了,那么科学家们又是如何知道狗是色盲的呢?

当然如果断然说狗是色盲,这个说法就有些主观。但是,与人类相比,狗只能看见可见光光谱的一部分,那么,没错,狗就是色盲。还是让我们来看看在狗的眼中我们这个大千世界又是什么样的吧。

狗的视网膜上共有两种视锥细胞,它们能够识别短波长和中长波长的光波,也就是能感受到蓝光(波长短的光波)和红黄光(中长波长光波)。由于视锥细胞少的缘故,狗眼中世界的色彩非常单调,不像人类眼中的世界那样五彩缤纷。然而人类却有三种类型的视锥细胞可以让我们看到可见光谱中的所有颜色的光。由于狗只有两种视锥细胞,所以狗所能分辨出的颜色与红绿色盲患者所能分辨的一样。但是,色盲患者还可以看到其他许多种不同的颜色,那么狗是否也一样能看到这些颜色呢?科学家们为了确定这一点,采取了两种方法。

一种方法是用有色光的光束照射狗的眼睛,这样就会得到一个从狗眼中反射回的图像,科学家们对这个反射回的图像进行研究;之后再将它与同一种光由人眼中反射出的图像对比。

另一种方法是训练狗能够"告诉"科学家们它们所看到的世界。在实验中,科学家们连续给狗看若干组颜色,每组都各有三个颜色,其中的两个是一样的。另外再给以极少量的训练,狗就会用鼻子给科学家们指出在每一组中那个与众不同的颜色的光。科学家们只需要不断变换光的颜色再重复这一过程，就能得出这样的结论：在狗的眼中世界是黑色、白色和暗灰色，同时夹杂着中长光波的红黄色光和光波短的蓝光，世界就如同黑白电视里的画面一样，只有黑白亮度的不同，而无法分辨色彩的变化。导盲犬之所以能区别红绿信号灯，是依靠两灯的光亮度区别的。犬对灰色浓淡的辨别力很细微，依靠这种能力，就能分辨出物体上的明暗变化，产生出立体的视觉映像。

为什么说猩猩最聪明

在许许多多的动物中，猩猩算是最聪明的了。那么，为什么猩猩是最聪明的呢？

在动物世界里，猩猩和我们人类有着共同的祖先。猩猩不仅外形长得和人相似，而且它的头部的大脑半球是比较发达的，脑子表面的褶皱比其它的动物多（褶皱越多，就越聪明），这是猩猩比其它动物聪明的最主要原因。

猩猩的许多习惯与人近似。生活在野外的黑猩猩会用"手"——也就是它的前肢去折断树枝和草，然后插入蚂蚁洞里，把蚂蚁引上来吃掉。它们也能表现出高兴的、生气的、悲伤的各种表情。如它们见面时会大声地喊叫，以表示互相"问好"。

如果某只猩猩生气发脾气了，别的猩猩还知道把手搭在这只猩猩的肩上，劝它平静下来，不要发火。经过人工驯养的猩猩，还可以

学会一些简单的动作，如用餐具吃饭，用铲子挖土，用棍棒打击危害它的来犯者。

有时还会坐上小朋友的三轮车骑几下。法国动物园有一个名叫"亨利"的黑猩猩，甚至能开着摩托车把观赏它的客人平安无事地从动物园送到旅馆去休息。它们还能表演杂技等，真是又好玩又可爱。

现在，世界上共有四种猩猩：一种是棕褐色的黄猩猩，产在印度尼西亚；另外三种——黑猩猩、侏黑猩猩和大猩猩（也叫大猿）都产在非洲。但根据考古学家的研究，过去世界上的许多地方都有猩猩，我国就有不少地方还发现过它们的化石呢。猩猩是动物中珍稀的观赏动物之一，深受广大游人的喜爱。

为什么长颈鹿的脖子特别长

长颈鹿是世界上最为高大的陆上动物。曾有人量过一头特别大的长颈鹿，高度竟达到近7米。长颈鹿相貌奇异，体态优雅。它十分警觉，行动极为灵活，长在头上的突出的双眼可以同时观察四周的情况；四条长腿支撑着将近一吨重的躯体，奔跑起来，时速能达到每小时60千米。在非洲的草原和森林交接处的片片树林间，可以看到它们嚼食树叶的情景。在远古的进化初期，长颈鹿的躯体只有小鹿大，活跃在欧、亚、非大陆上。随着地球的变迁，长颈鹿的生存地渐渐集中在非洲东部的少数地区。生物学家在研究长颈鹿的进化时，认为长颈鹿的祖先世世代代以青草为食。

但在遭受干旱等灾害时，大片草原枯焦，为了生存下去，长颈鹿就要努力伸长脖子，吃树上的嫩叶子。而那些脖子短的长颈鹿，吃不到树上的嫩叶，就慢慢地被自然淘汰了。

就这样，经过长时间的进化，它们的脖子就慢慢变长，最后终于成了现在的样子。长颈鹿颀长的脖子对于警戒放哨、了解敌情和寻求食物是必不可少的，而且还是一个卓有成效的冷却塔。靠它的脖子散热，可以适应热带炎热的气候。在前进的时候，长颈鹿的长脖子还能用于增大动力，在漫步、跑动时，脑袋就被置于前方，借以往前推移它的重心。目前，世界上现存的长颈鹿总数约为45万头。长颈鹿独特的身躯和体态，没有任何一种动物可以与之相比，因此受到人们的喜爱。

动物学家认为，长颈鹿是有蹄类（偶蹄目）动物中最为聪明的角色。长颈鹿性情温顺，不像狮子群会践踏大片作物和毁掉树林；也不像狮子和豹子会咬死牛羊、伤害人类，长颈鹿也不去同牛羊争吃青草。如若人类不再愚蠢地扩大侵略性，那么在未来，长颈鹿还能与我们人类共同度过一段很长的时光。

为什么狼的眼睛会闪闪发光

狼是一种夜行性动物，主要以肉食为主，专门猎取兔子、野鸡、鹿类、鼠类、家禽、家畜等，也吃腐肉和尸体，偶尔也吃一些植物性食物，甚至残杀同类。成群的狼有时还会伤害人。所以，狼被认为是一种害兽。不过，因为人类对狼的捕杀，狼的数量也在急剧减少。动物保护人士提出应对其适当加以保护。狼在夜间寻找猎物，一旦发现目标就全神贯注，两眼闪出贪婪凶狠的光芒，远处看去，犹如两盏闪亮的小灯笼。

其实，狼眼睛里的光并不是它自己放出来的。在狼眼睛的底部有很多特殊的晶点，这些晶点有很强的反射光线的能力。狼在夜间出来活动的时候，眼睛里的晶点可以把它周围非常微弱的、分散的光线收拢起来，聚合成一束，然后集中把它反射出去，看起来好像狼的眼睛能放出光来。

因为狼的眼睛夜视能力强，在昏暗的环境下也能发现猎物，并以最轻最快的速度猛然地袭击目标，所以猎物在狼的追捕下往往很难逃命。

为什么小狗睡觉时要将耳朵贴在地上

冬冬有一只可爱的小狗，毛茸茸的，可好看了。冬冬每天都和它一起做游戏、到外面去散步。连小狗睡觉时，冬冬也不离开。

冬冬发现小狗在睡觉时，耳朵总是贴在地上，这是为什么呢？

原来，小狗的这一习惯是小狗祖祖辈辈传下来的。狗的警惕性特别高，随时都在防御其它凶猛的动物。由于声音在地面上比在空气中传播得快,而狗又有一对灵敏的耳朵,睡觉时它把耳朵贴在地面上,就能听到很远处传来的声音并且立即被惊醒。惊醒后,它会马上抬头张望,以查明声音发出的方向,看看是否出现了有可能伤害它的动物。

为什么说蝙蝠是哺乳动物

太阳落山以后,天慢慢黑下来。许多小鸟归巢了,这时,蝙蝠睡醒了,从巢中飞出来。蝙蝠会飞,但是它不是鸟,而是一种哺乳动物。

为什么说蝙蝠是哺乳动物呢?鸟产卵,用卵孵出小鸟。蝙蝠不产卵,小蝙蝠像小猫那样生出来,母蝙蝠用它自己的奶喂养小蝙蝠。所有这些就像猫、牛和人类一样,所以蝙蝠被叫做哺乳动物。鸟身上有羽毛,蝙蝠跟鸟大不相同,它身上没有羽毛,而是长了一层细细的软毛,和哺乳动物身上长的皮毛完全一样。鸟有翅膀,它们用翅膀飞行。蝙蝠却有和哺乳动物一样的四肢,只是它的前肢变化了,在前肢、后肢和尾巴之间长出了一层薄薄的翼膜。蝙蝠就是靠这层翼膜飞行的。

所以,蝙蝠不是鸟,而是哺乳动物,也是唯一会飞行的哺乳动物。

为什么蝙蝠能在夜间捕到食物

蝙蝠的视力很差，可它偏偏喜欢在傍晚出来捕捉蚊虫，而且它们捕食的速度和精确性令人叫绝。科学家们发现，蝙蝠捕食的技艺并不是靠它的眼睛，而是凭借它那"回声探测"的本领。有人曾把一只蝙蝠的眼睛蒙住，放到一间拉了许多铁丝的大玻璃房里，它仍然能避开铁丝障碍物，准确地捕到昆虫。原来，蝙蝠的身体里的回声探测系统非常巧妙。

它在飞行时，从喉内产生超声波，通过口或鼻发射出去，当遇到物体时，超声波就被反射回来，蝙蝠的耳朵接收到回声，能精确地识别外界环境，追捕夜间活动的昆虫。更奇妙的是，蝙蝠的超声波探测系统，还能准确地区别出物体的属性。

例如，有人实验把面粉虫和金属碎屑一起抛出去，被蒙住眼睛的蝙蝠也能准确地区别出这两种东西的性质，只捕食面粉虫，而不去理睬金属碎屑。蝙蝠的回声探测系统还有频率快、抗干扰能力强的特点。可以想见，蝙蝠捕捉食物时，很多情况是边飞边发现目标的，有时能在几分之一秒内，突然改变原来的飞行方向，急速捕食猎物。

据测算，蝙蝠竟能在一秒钟里发出和接收（分辨）250组回声。

另外，蝙蝠凭借回声探测系统既能排除人为的干扰，也不怕同类之间的相互影响。在成百上千的蝙蝠居住的洞穴里，它们同时发出超声波，仍旧各行其是。

科学家根据蝙蝠的"回声探测"原理研制的雷达已经得到广泛的应用，并且不断地提高雷达的灵敏度和抗干扰能力。人们还模仿蝙蝠的"回声探测"系统，制成了"声呐眼镜"和"盲人探路仪"，供夜间军事侦察和盲人使用。

鸭嘴兽是怎么哺育幼仔的

我们知道，哺乳动物都是胎生、直接产下幼仔的。可是，在很多有关动物的书籍里，都要特意提到鸭嘴兽这种奇特的动物。动物学家把它们称作哺乳动物，可它们繁殖后代的方式是先产卵，然后再孵化出幼仔。

鸭嘴兽是当今世界上古老、原始而且珍奇的动物，现在只有澳大利亚的一些地方仍有存留。鸭嘴兽的大小与兔子差不多，身体肥胖，尾巴短而阔；毛细密，深褐色；嘴巴突出扁平，长得像鸭嘴，所以得了"鸭嘴兽"这个名称。

实际上，鸭嘴兽不仅嘴巴像鸭子，而且脚趾间长着蹼，也能像鸭子那样在水中划水游泳，很适合在水中生活。当鸭嘴兽潜入水里时，它们就闭上眼睛和耳朵，单靠嘴的感觉来寻找食物。鸭嘴兽在水域沿岸的洞穴中栖息。白天蜷曲在洞里睡眠，傍晚出来在河流、湖泊里活动，它们在水中和陆地上都能生活。它们的洞穴里铺着杂草和树叶，筑成它们的安乐窝。进穴的隧道很长，一般有两个出口，一个通到岸上的草丛中，一个通到水里，这样它们的安全就更有保障了。

鸭嘴兽是在水里交配的。雌兽像鸟一样只一边有卵巢，每次从泄殖腔里生两个蛋，卵壳白色，很坚韧。这时产下的卵，大约已在雌兽体内发育15天了，这一点同爬行类和鸟类是不同的。

雌兽产卵之后，就在穴里伏在蛋上孵化，经过10天左右的时间，幼兽就出壳了。刚孵出的幼仔眼睛不能睁开，全身裸露，没有长毛，身长只有3厘米左右。最有趣的是，鸭嘴兽哺育孵化出的幼仔，同爬行类和鸟类育雏的办法不一样。

虽然鸭嘴兽的胸前没有乳头，却长着一束束的乳腺，开口在皮肤表面。这些乳腺开口的地方，叫做乳区。雌兽孵化出幼仔后，胸前乳区就渗出乳汁。这时，它仰卧在地上，小兽爬在腹面上，就在那里舔食乳汁。

到了四五个月后，幼仔就能像成年兽那样行动自如了，雌兽就带着它们到水中、陆地觅食，使它们逐渐地独自生活。正因为鸭嘴兽以乳腺分泌的乳汁哺育幼仔，体上有毛，所以说它是哺乳动物。

蛙类是怎么生育后代的

夏天的黄昏和雨后，溪边湖畔群蛙齐鸣，此起彼伏，这是它们在为自己的"婚礼"高唱"祝酒歌"哩！

在我们人类常见的婚礼中，新郎和新娘少不得要穿红着绿地打扮一番，以示喜庆。有趣的是，在蛙类世界中，它们也有自己传统的"婚装"呢！

蛙类的婚礼大多在水中进行。到了生殖期，"新郎"前肢第一指或二、三指之间的基部开始长出隆起的肉垫，肉垫上还分布着能分泌黏液的腺体或角质刺。动物学家把这种垫叫做"婚垫"或者"结婚的胼胝"。有了这种"婚垫"，"新郎"才能在水中紧紧地拥抱"新娘"。

蛙类实属体外受精，雌蛙接受雄蛙的拥抱后即开始排卵，雄蛙接着向排出的卵粒上射精。大多数蛙卵产在水草上。卵在水里发育，没几天便钻出一个黑色的"小逗点"，这些"小逗点"便是青蛙的幼仔——蝌蚪。它最初没有四肢，只能靠尾巴在水里活动。它们没有肺，像鱼一样用鳃呼吸。以后，蝌蚪逐渐长大，尾巴萎缩，长出四条腿，鳃也消失了，长出了肺，就变成了青蛙。

在南美洲的圭亚那和巴西，有一种栖息于森林或水中的蛙，名叫负子蟾。雌蛙背部的皮肤厚而柔软，呈海绵状，上面有60至100多个凹陷的穴，这是它育儿的"摇篮"。生殖季节，雌蛙先排卵于水中，雄蛙看见卵子后，马上用灵活的后肢把卵子夹住，移放到雌蛙背部凹陷的穴内，并覆上一层胶状物质，以免卵粒从穴里掉出来。几十天后卵子在母体的背穴中孵化成蝌蚪，方才离开它的"摇篮"、游向水中。

我国有一种树蛙，成体几乎终年生活在树上。生殖季节，雄蛙趴在雌蛙身上，雌蛙爬到靠近水边的树上，排出一团像泡状奶糕似的乳白色卵块，雄蛙接着向卵块上射精，卵块粘附在翠绿的嫩叶上。卵发育成蝌蚪以后，由于蝌蚪不断地活动，使叶柄折断脱离树枝，自己也就随叶片落入水中。

有些蛙类是由雄蛙承担"育儿"义务的。法国的产婆蛙，繁殖季节，雌蛙产出卵块后，雄蛙就用自己的后肢把卵块牢牢夹住，然后慢慢潜入地下洞穴中，静候卵块发育。美洲还有一种树栖的囊蛙，雄蛙背部的皮肤呈折裂状，构成一间宽阔的"育儿室"，以容纳卵子的孵化。有趣的是智利的鸣蛙，雄蛙可以把雌蛙产的卵子置于自己的鸣囊中孵化。

澳大利亚青蛙的育儿方式更为奇妙。雌蛙在水中产卵后，先休息半小时左右，然后将自己产的卵全部吞咽到胃里孵化，此后雌蛙不食任何东西。蛙卵在胃里经过八个星期，发育成小青蛙。待胃里的小青蛙能够在水中生活时，雌蛙将口张得大大的，于是小青蛙一只接一只地从雌蛙口中弹射出来。

大雁为什么排队飞行

大雁是出色的空中旅行家。每当秋冬季节，它们就从老家西伯利亚一带，成群结队、浩浩荡荡地飞到我国的南方过冬。第二年春天，它们经过长途旅行，回到西伯利亚产蛋繁殖。大雁的飞行速度很快，每小时能飞68~90千米，几千千米的漫长旅途得飞上一两个月。

在长途旅行中，雁群的队伍组织得十分严密，它们常常排成"人"字形或"一"字形，它们一边飞，一边不断地发出"嘎、嘎"的叫声。大雁的这种叫声起到呼唤、起飞和停歇等的信号作用。

那么，大雁保持严格的整齐的队形即排成"人"或"一"字形又是为了什么呢？

原来，这种队伍在飞行时可以省力。最前面的大雁拍打几下翅膀会产生一股上升气流，后面的雁紧紧跟着，可以利用这股气流飞得更快、更省力。这样，一只跟着一只，大雁群自然排成整齐的"人"字形或"一"字形。

另外，大雁排成整齐的"人"字形或"一"字形也是一种集群本能的表现，因为这样有利于防御敌害。雁群总是由有经验的老雁当"队长"，飞在队伍的前面。在飞行中，带队的大雁体力消耗得很厉害，因而它常与别的大雁交换位置。幼鸟和体弱的鸟，大都插在队伍的中间。停歇在水边找食水草时，总由一只有经验的老雁担任哨兵。如果孤雁南飞，就有被敌害吃掉的危险。

科学家发现，大雁排队飞行，可以减少后边大雁的空气阻力。这启发运动员在长跑比赛时，要紧随在领头队员的后面。

啄木鸟为什么不得脑震荡

啄木是啄木鸟最主要的活动之一，它啄木的次数一天可达一万多次，频率达到每秒20次，每次撞击的力达到其重力的1200倍，这相当于以每小时25千米的速度撞墙。如果我们人类像啄木鸟那么干的话，毫无疑问将会导致脑震荡、脑损伤、视网膜出血和视网膜脱落等一系列致命后果。那么，啄木鸟啄木为何不得脑震荡呢？

啄木鸟的大脑比较小，体积小的物体的表面积相对就比较大，施加在上面的压力就容易分散掉，因此它不像人的大脑那样容易得脑震荡。啄木鸟在啄木时，敲打方向垂直，可避免因为晃动出现扭力导致脑膜撕裂和脑震荡。

啄木鸟还进化出了一系列的保护大脑和眼球免受撞击的

装置。它的头骨很厚实，但是骨头中有很多小空隙，有点像海绵，可以减弱震动；它的大脑表面有一层膜叫软脑膜，其头部进化出的一系列特殊的构造，可以防止震动的损伤。在它的外面还有一层膜叫蛛网膜，两层膜之间有一个腔隙叫蛛网膜下腔。人的蛛网膜下腔充满了脑脊液。但是啄木鸟的蛛网膜下腔很窄小，几乎没有脑脊液，这样就减弱了震波的液体传动。

最奇妙的是啄木鸟的舌头。它的舌头极长，从上颚后部生出，穿过右鼻孔，分叉成两条，然后绕到头骨的上部和后部，经过颈部的两侧、下颚，在口腔中又合成一条舌头。这样的舌头就像一条橡皮筋，能够伸出喙外达10厘米。显然，这条长舌头的主要用途是为了把虫子从洞中钩出来，但是在每次啄木之前舌头收缩的话，就能吸收撞击力，也是一个很好的缓冲装置。

啄木鸟的身体构造是在自然选择作用下长期进化的结果，研究它如何巧妙地避免撞击带来的身体损伤，对于改进防止人类大脑损伤的保护设备不无启发作用。

鸟巢是鸟睡觉的地方吗

很多人都认为，鸟巢是鸟的家，也是鸟儿睡觉的地方。但这种说法仅仅是想当然，没有一点科学根据。

动物学家在观察鸟类生活习性时发现，许多鸟儿并不在鸟巢中过夜，就连狂风暴雨的时候也不到巢中藏身。例如野鸭和天鹅，夜晚时总把脖子弯曲着，将脑袋夹在翅膀之间，身体漂浮在水面上睡觉。而鹤、鹳、鹭等长腿鸟类，则喜欢站着睡觉。

既然不在鸟巢中睡觉，为什么鸟儿要辛辛苦苦地筑巢呢？原来，鸟巢对大多数鸟类来说是繁殖后代的"产房"。在通常情况下，雌鸟在巢中产卵和孵卵。等小鸟孵出后，鸟巢又成为育儿场所。随着小鸟逐渐长大，把鸟巢塞得满满的，父母就再也没有立足之地了。以后，当小鸟长大开始独立生活时，鸟巢的重要使命就已经完成了，最后被鸟儿们遗弃。

总而言之，在地球上的9000多种鸟类中，大部分成员的鸟巢仅仅是为了养育后代，而不作为夜晚睡觉的家。但是，也有极少数鸟类确实是以巢为家的。

鸟类是怎么睡眠的

鸵鸟产于非洲，是世界上现在存活的最大的鸟。它们每夜大约睡7~8小时，并处于警戒状态。然而它们每晚总有几分钟的时间，两腿向右侧伸展，与身体成一个角度，头部与颈部柔软无力地搁在地上。此刻，连强烈的光亮和大声喧闹也不能惊醒它们，这就是"鸵鸟的深眠"。据测定，鸵鸟每晚平均深眠时间只有9分钟，这可能与它们常遭狮子等敌害袭击有关。在白天，总有鸵鸟交替张目守卫，其它鸵鸟则闭目瞌睡。

美洲蜂鸟是世界上最小的鸟，它们的活动能力特别强，每秒钟的飞行速度可达50米，还能长距离飞行。蜂鸟的夜间昏睡犹如冬眠。一个多世纪以前，英国博物学家约翰·古尔德发现一只蜂鸟停息在栖木上，头部伸入肩膀的羽毛内，嘴巴放在胸前。他随手抓住它带回家里，放在桌子上，它睡得好像死去一样，仍未醒来。这种昏睡消耗能量极少，对蜂鸟白天恢复旺盛精力大有好处。

多数集群性鸟（如鹬类），在睡眠时把嘴巴或头插藏在翅膀之下，缩起一条腿，只用一条腿支撑着身体，看上去颇有点功夫。天鹅有时浮在水面上，一只脚翻在背部，漂荡在水中睡觉，这是最惬意的一种睡眠方法，可以安全防御野兽侵袭。猫头鹰爱在树杈中或树洞内睡觉，睡眠时下眼皮升起，或者只闭上第三瞬膜，甚至一眼开一眼闭。树栖鸟类睡眠时全身放松，它们的足有天生的锁扣机关，当蹲下时就自动使足握成拳形，不会跌落地面。但是它们的眼睛还是很少休息，常采用"眨眼"睡眠法，即合上眼睑几秒钟又睁开眨两下，观察一下周围动静，保持一定的警觉。鸟类睡眠时，有时也会出现类似人的"伸懒腰"动作，展翅伸腿拉拉韧带。

鸟类为什么会把羽毛竖起来

很多鸟类在愤怒或者受惊的时候，就竖立起自己的羽毛。即使是一只高雅、温柔的天鹅，在愤怒的时候，也会张开双翼、翘起尾羽，使羽毛竖立起来。它们张开嘴，双脚划水，向前方迅速跃进，去对抗任何一个向水边走得太近的人。

两只公鸡即使在还很幼小的时候，一旦发生争斗，也会竖直起颈部的长羽。其实这时竖起羽毛非但不会增强防御能力，反而会有带来不利的可能，因为对于鸡来说，剪去这些羽毛反而能够增强战斗力。

当一只狗企图走近一只带领着小鸡觅食的母鸡时，这只母鸡会张开双翼、翘起尾羽，把全身羽毛竖直起来，尽可能做出更加凶恶的样子来，向这位冒犯者冲去。母鸡的尾羽由于翘得太过分，结果中央的几根尾羽几乎朝前倾斜到背部了。

仓鸮在有人接近它时，立刻把羽毛蓬松开，张开双翼和尾羽，并用嘴发出有力的急促的咝咝声和咯咯声。鹰在同样的情况下也会做出相同的动作。有一种金丝雀，当人靠它太近的时候，立刻就使自己的身体变成一个圆球，这当然也是靠竖直羽毛造成的。即使是鸟巢中的小杜鹃受到惊扰时，也会把羽毛竖立起来，张开大嘴，尽可能使自己的样子变得可怕。

一些体形较小的鸟类，在愤怒的时候，也会把全身的羽毛直竖起来，或者只把颈部的羽毛竖起来。当它的羽毛达到这种状态时，它们就同时张大嘴巴，摆出可怕的姿态，彼此相向冲奔。

尽管鸟类在面临天敌接近、身处险境时会有几分恐惧，但羽毛竖立的现象，与其说是由于恐惧，还不如说是由于愤怒而产生的。

蜂蜜是怎么酿制出来的

春夏季节，是蜜蜂采蜜的大好时机，只要天晴，工蜂每天都要外出采集花蜜。采蜜时，工蜂伸出细管子似的"舌头"，在花朵中一伸一缩，花冠底部的甜汁就顺着管状舌流到蜜胃中去。它们吸完一朵再吸一朵，直到把蜜胃装满。通常情况下，一只工蜂每天要外出40多次，每次约采100朵花，但采到的花蜜只有0.5克。想一想，如果要酿1000克蜂蜜，它们得来来回回飞多少次啊！

采集花蜜如此辛苦，把花蜜酿成蜜也不轻松。

酿蜜的过程很复杂，一开始，所有的工蜂把采来的花朵甜汁吐到一个空蜂房中，到了晚上，再把甜汁吸到自己的蜜胃里进行调制，然后再吐出来、再吸进去，如此轮番吞吞吐吐要进行100多次，最后才酿成香甜的蜂蜜。人们常说"百炼成钢"，而蜂蜜才真正是"百炼"而成的呢！为了使蜜汁尽快风干，千百只工蜂还要不停地扇动翅膀，然后把吹干的蜂蜜藏进仓库，封上蜡盖贮存起来，留到冬天食用。

蜜蜂群里的蜂王是怎么产生的

一个小小的蜜蜂群里，可以拥有成千上万成员。其中除了少数雄蜂外，只有一只成熟的雌性蜜蜂，其余全是寿命短也不能生育的工蜂。那只雌蜂的寿命可达3~5年，身体粗壮，有着惊人的繁殖力，不断地为蜂群"添丁加口"，因而享受至高无上的待遇，它就是蜂王。

每年春天是蜂群发展的昌盛时期。这时，工蜂们在蜂巢下部修筑一个个培育新蜂王的王台台基。老蜂王在王台产下卵后，守护的工蜂就分工协作，将王台严密地保护起来。这些卵刚一孵化为幼虫，工蜂便轮流喂给它们营养丰富的王浆吃。因为吃的是蜂王浆，成长为蜂王的幼虫发育特别快。到了第五天，它们就已经完全发育成熟，比起那些工蜂来，它们就是大力士了。

这些未来的蜂王长大了，就要飞出蜂房。它们的第一个任务就是寻找其余王台，绝不能允许其它王台再有蜂王出世来争夺王位。这时，如果守护王台的蜂群足够大，就会阻止先出房的蜂王接近，直至自己护卫的王台的蜂王出世。一旦两个王台的蜂王同时出房，就会不可避免地发生一场争夺王位的生死较量，结果必然是较强的一方把对手杀死。当新蜂王出房后，一般要进行一两次认巢飞行，以熟悉环境。五六天后，它选择一个晴朗的日子出巢婚飞。婚飞中新蜂王一般都要和五六只雄蜂交尾，积聚较多的精子以供终身产卵之用。

老蜂王产完卵后，就带着一大群工蜂飞离蜂巢，选择新巢地开始新的生活。婚飞后的新蜂王腹部逐渐变大、变长并开始产卵，成为了名副其实的蜂王。可以说，老蜂王的出走，就意味着一个新蜂王的诞生；新蜂王的出世，则标志着一个新蜂群的产生。

这便是蜜蜂与众不同的群体繁殖方式。为什么蜂王浆有丰富的营养呢？蜂王浆又叫王浆或蜂王精，有人说它是由蜂王分泌的，这是不对的。蜂王浆是工蜂分泌出来的一种营养极为丰富的浆液，是用来喂养幼虫和蜂王的一种特殊的食物。我们知道，一个蜂群里通常只有一个蜂王。

开始，蜂王和其它幼虫都是同一种卵发育成的。当它们刚由卵孵化为幼虫后，工蜂便轮流喂给它们营养丰富的王浆。后来变成蜂王的幼虫能一直吃着蜂王浆长大，而一般变成工蜂的幼虫，仅能吃到3

天的蜂王浆，以后就只喂给花蜜和花粉了。

吃蜂王浆的蜂王比工蜂几乎大一倍，而且能活3～5年，工蜂却只能活几个月。科学家经过研究化验发现，蜂王浆含有很多种氨基酸、糖、脂肪、无机盐、多种维生素等，营养非常丰富，可以帮助人治疗关节炎、恶性贫血、糖尿病、传染性肝炎、神经衰弱等病。正常人吃点蜂王浆，也能强壮身体。

为什么蝴蝶的翅膀美丽鲜艳

有人说，士兵的迷彩服和兵器的伪装色是人们从蝴蝶的翅膀受到的启发。的确，当颜色鲜艳的蝴蝶在花丛中飞舞的时候，真像是花朵在空中飘舞。我国台湾省被称为"蝴蝶王国"，有上百种蝴蝶，像有名的荧光翼凤蝶，它们的翅膀在阳光辉映下，能变化出多种色彩，时而呈金黄色，时而呈蓝紫色，时而又呈翠绿色。

原来，在蝴蝶的翅膀上，有一层粉状鳞片，这些鳞片是由一个个单皮细胞转化而成的。鳞片有各种各样的形状，一只蝴蝶的翅膀上会生有几种不同形状的鳞片，正是它们把蝶翅点缀得五颜六色。

把鳞片放到电子显微镜下观察，每个鳞片有几十条到上千条脊纹，它们具有很好的折光性能。还有许多并行的薄鳞片，像

竖着的书面一样，叠合在脊纹上。这种脊纹越多，越能闪射出美丽的光芒。蝴蝶的色彩是由鳞片上的色素色和结构色两者混合而成的。

色素色又叫化学色，其颜色是由附着在鳞片表面的色素颗粒决定的。当色素颗粒的化学性质改变时，色素就会因氧化或还原等化学作用变淡，甚至完全消失。结构色也叫物理色，物理色是由于光照射在蝶体鳞片的不同结构上时发生反射、折射所形成的。

这种物理色不会受化学因素的影响而改变色泽，所以，它是一种永久性的颜色。在不同的光照角度或不同的光源下，鳞片便会产生不同的光芒和色彩。当色素色和结构色混合在一起时，蝴蝶翅膀上的颜色和斑纹就更加美丽了。

为什么蜻蜓有时候飞得很低

夏天，蜻蜓在空中飞来飞去，捉小虫吃。蜻蜓喜欢吃蚊、蝇等害虫，所以大家都喜欢它。有时蜻蜓飞得很低很低，这是为什么？蜻蜓飞得很低的时候是在天快要下雨的时候。因为下雨之前，空气里的水汽很多，小虫的翅膀上沾了水汽就潮湿了，这时小虫飞不高。蜻蜓要捉小虫吃，只好飞得低低的。

当小朋友们看到蜻蜓低飞时，就知道天快要下雨了，这时还是赶紧回家为好。

为什么蜻蜓比其它昆虫飞得快而远

蜻蜓是人们熟悉的昆虫，我国常见的有500种之多。有一种蜻蜓个头特别大，全身青绿色，叫做马大头，俗称绿青哥；另一种常在夏天雷雨前夕或雨后初晴时漫天飞舞，叫小黄赤平。

蜻蜓的飞行本领，在昆虫世界里可谓"独占鳌头"。蜜蜂的飞行速度，以昆虫来说，已经很了不起了，但每秒钟只不过飞行4.5米，翅膀却需要拍动250次。科学家计算过，蜻蜓每秒钟能飞行18~20米，翅膀只扑动30~40次，而且能持续飞行数小时或者整天不休息。蜻蜓能有这么高强的飞行能力，首先是因为在它的胸背上生有特别强健而发达的肌肉和两对发达的膜质翅膀，翅脉坚硬且有翅痣。

蜻蜓的两对长翅膀，飞行时前翅稍向前上方拍动，后翅稍向下方拍动，能够自由地停在原处或者向前飞。当它高速飞行时，改变后翅内缘的方向，向前伸平或向后方缩，蜻蜓便可快速爬高和下降，就是现代飞机的升降装置也比它逊色三分。

另外，蜻蜓的复眼特别大，整个头部几乎全被两只凸出的复眼所占据，每只复眼里有1万~2.8万只小眼睛，等于其它昆虫的十倍。蜻蜓的这对复眼，要比其它昆虫灵敏得多，不管飞行得多快，哪怕是瞬间飞过的小虫，都能在蜻蜓的复眼中形成清晰的图像。科学家做过实验，一只蜻蜓在1小时里能捕食40只苍蝇或上百只蚊子，用来提供飞行所需的能量。因此，蜻蜓不必特地停下来到处去寻找食物。这样，它就比其它昆虫飞得快、飞得远。

为什么蜻蜓翅膀前缘上方长有小痣

自从人类发明了飞机以来，科学家在研究不断提高飞机飞行速度时遇到一个很大的难题，就是飞机飞行时两个机翼会发生有害的振动，这种有害的"颤振"往往会造成翼折机毁人亡的事故。为了消除飞机飞行中的"颤振"现象，科学家找到了抗颤振本领高超的"老师"——蜻蜓。

蜻蜓凭借强大的胸肌，扑动两对强硬的翅膀在空中疾飞，一会儿飞快上升，一会儿急速俯冲，飞行速度每秒钟可达18~20米，翅膀每秒钟扑动30~40次。蜻蜓的翅膀为什么能在急速飞行中承受频繁的振动而不折断呢？生物学家在研究中发现，秘密就在蜻蜓的翅膀上。

在蜻蜓每对翅膀前缘的上方都有一块颜色较深的角质加厚区，也叫色素斑。它像一颗小痣，称翼眼或"翅痣"。如果把"翅痣"切除而不损坏翅膀的其它部分，蜻蜓虽然仍能在空中飞翔，但是却像喝醉了酒似的晃来晃去。

原来，正是"翅痣"的角质组织使蜻蜓飞行的翅膀消除了"颤振"现象。飞机设计师模拟蜻蜓的"翅痣"，在现代飞机机翼的末端前缘装置了类似的一块"加厚区"或配重，用以消除颤振现象。从此，飞机高速飞行时也像蜻蜓一样平稳灵活，避免了由于"颤振"而产生的飞行事故。

为什么蜻蜓要点水

蜻蜓有时在水面上飞翔，尾尖紧贴水面，一点一点用尾尖点水，这就是人们常说的"蜻蜓点水"。其实这是雌蜻蜓在产卵。蜻蜓通常在小河边、池塘里的水草上产卵。卵排出后，在水草上孵化出幼虫，叫做"水虿"。水虿要在水里过很久的爬行生活。少则一年，多则七八年才能羽化成蜻蜓成虫。水虿是除害虫的能手，它专吃蚊子的幼虫"孑孓"。水虿的外形有点像蜘蛛，肚子很大。当它羽化成成虫时，会攀到水草上，不吃不喝。羽化成成虫时，又短又胖的肚子变得越来越细长，原先叠在一起的翅膀也逐一展开，终于变成了像一只小飞机似的蜻蜓。可见"蜻蜓点水"是蜻蜓生活中的自然组成部分——产卵以繁殖后代。

蚂蚁为什么认识寻找食物的路线

外出的蚂蚁发现了大块食物后，就会赶回蚁巢通风报信。过一会儿，蚁巢里的蚂蚁就会浩浩荡荡地排起"长龙"，沿着刚才报信的蚂蚁走过的路线，十分有秩序地奔向食物所在地。那么，蚂蚁群是靠什么方法识别出寻找食物的路线呢？原来，外出的蚂蚁能把找到食物的消息报告给同伴，并能引着大队蚂蚁奔向食物，靠的是一种特殊的"气味语言"。

这种"语言"是通过蚂蚁身体释放的化学物质发出的不同气味来传递消息的。所以，也叫做"化学语言"。科学家观察发现，外出寻找食物的蚂蚁在爬行的时候腹部紧贴着地面，从腹部末端的肛门和腿部的腺体里把一种奇妙的化学物质沾染在地面上。

这种物质叫做标记物质。它的数量虽然很少，但是具有特定的气味，能够有效地标记蚂蚁所走过的路线。蚂蚁发现食物以后，再沿着这条路线回蚁巢向同伴报信。回到巢里的蚂蚁，用它头上的触角拍打同伴的触角，这是它们传递气味的工具，通过这种方式，路标的气味就传递过去了。

蚂蚁触角的表面有许多人眼看不见的小孔，小孔里有非常灵敏的嗅觉细胞。经过一阵触角的拍打，绝大多数的蚂蚁都得到了通知。蚂蚁群再沿着标记过的路线出发，直到找到食物。在蚂蚁群寻找食物的路上，还可以看到这样的情景：排成行的蚂蚁还不时稍稍停留下来，互相碰碰头，仿佛在交谈什么。其实它们这是在用触头交换气味，以免有的蚂蚁掉队。

蚂蚁为什么要保护蚜虫

蚜虫是农业生产的大敌。它们吸附在作物的茎秆上和叶背面，将针状的嘴刺进植物组织里，像吸血鬼一样吸取作物的养料。如果一棵作物上有1000只蚜虫，这棵作物就不可能生长。为了夺取农业丰收，人们千方百计地消灭蚜虫。

然而，蚂蚁却偏与人作对，对蚜虫倍加关怀，拼命保护。如果蚜虫因为刮大风或其他原因被刮落到地面上，蚂蚁会用嘴把蚜虫轻轻叼起来，再送到植物的茎秆或叶面上去；或者把蚜虫携带到自己的洞穴里隐蔽一段时间，然后再把蚜虫送到植物上去。

蚂蚁在蚜虫群里来来往往，还赶走了捕食蚜虫的天敌，使蚜虫更加肆无忌惮地危害农作物。蚂蚁为什么要如此卖力地保护蚜虫呢？我们知道蚜虫吸食植物的营养，而它的排泄物——蜜露，却是蚂蚁香甜可口的食料。

蜜露是一种黏稠、透明、有甜味的物质，含糖类、蛋白质、糊精等成分。在高粱蚜虫发生严重的地块里，当千百个蚜虫从肛门喷射蜜露时，犹如细雨蒙蒙。蚂蚁非常爱吃这种有甜味的物质，它嗅到哪里有蜜露，就成群结队地奔向哪里。

有时，我们还会在发生蚜虫的田里看到更有趣的现象：蚂蚁在蚜虫群里吃蜜露时，还会用它那根棒状的触角去拍打蚜虫的腹部，让蚜虫多分泌一些蜜露，以满足其食欲。

达尔文早在《物种起源》一书中就对这种现象做过记述："……于是蚂蚁开始用触角去拍蚜虫腹部，先是这一只，然后那一只，当蚜虫一旦感觉到蚂蚁的触角时，即刻举起腹部，分泌出一滴甜液，蚂蚁便慌忙地把甜液吞食了。甚至十分幼小的蚜虫也有这样的动作，这种活动是本能的，而不是经验的结果。"蚂蚁对蚜虫起着保护作用，蚜虫以蜜露相酬谢，这种现象在生物学上称为"共生现象"。

为什么萤火虫会发光

夏秋季节的夜晚，灌木丛间、草丛里，有时可以见到一盏盏飞动的小"灯"。如果抓住它一看，发现它不过是一只不显眼的小昆虫——萤火虫。在农村如果能抓住许多只萤火虫，把它们关进透明的小玻璃瓶里，就能做成一盏不用电池的活"电灯"。

相传我国古代有位非常用功的读书人，名字叫车胤，家里贫穷买不起灯油，他就抓了许多萤火虫关在透明的纱布口袋里，晚上用来照明读书。这就是"囊萤夜读"的故事。近年来，萤火虫引起许多科学家的兴趣，他们正积极研究萤火虫发光的秘密。

萤火虫身体上的光是从什么部位发出来的呢？仔细观察一下可以发现，这个发光的小"灯"位于萤火虫腹部的第六节和第七节之间，那里有一部分特别薄的表皮，薄得简直透明。这层薄膜里面，就是萤火虫的小"灯"——发光器官。萤火虫的发光器官由一小簇特殊的细胞组成，周围分布着许多小神经和小气管。

这些细胞含有一种奇妙的物质，叫做荧光素。萤火虫呼吸的时候，氧气从小气管进入细胞和荧光素结合，在另一种物质荧光酶的作用下发生化学反应，发出光来。萤火虫可以通过发光招引异性或向同伴传递信息。

遇到敌害时，萤火虫的"灯"光能发出紧急警报。萤火虫的这种发光本领，使电气工程师们非常羡慕。因为萤火虫的"灯光"消耗的能量极少，发光效率却很高，远远超过人类制造的任何一种电灯。如果能仿照萤火虫的发光器官制造电灯，那就可以节省许多电能。可是直到今天，科学家也没有造出一盏这样的灯来。

为什么蜘蛛能织网

不管在室内或在室外，我们都不难找到蜘蛛网。每张蛛网都是用很细的丝线织成的。这些蛛网可以用来捕捉苍蝇、蚊子、甲虫或其它昆虫，捉到的虫子就成了蜘蛛的食物了。那么，蜘蛛是怎样织网的呢?

蜘蛛是一种会纺丝的节肢动物。它织网的丝很细，很难看清楚。如果用放大镜观察，能看得清楚些。织网的丝是从蜘蛛尾部的小孔中出来的，科学家把这种小孔叫丝囊。丝线是蜘蛛身体内的纺织腺分泌的，这种液体出了蜘蛛体遇到空气就变硬了。

有时候蜘蛛需要用它的后肢帮忙才能抽出丝来。蜘蛛在草上、树枝间或屋檐下，来来回回地吐丝结网，织好网之后，它在网的附近结一个丝窝; 然后，蜘蛛躲在窝里，等着捕捉落在网上的小虫。蜘蛛丝虽然很细，但却很柔韧，能像皮筋一样拉长。小虫落在蛛网上，蛛丝会延长，不会把蛛网压破。

大风可以把树叶、尘土吹到蛛网上，但是吹不破蛛网。假如蛛网破了，蜘蛛会很快、很小心地把蛛网修好。

蜘蛛除了用丝结网捕食小虫外，它还会用丝线保护自己。当你把树上的蜘蛛弹下来的时候，蜘蛛不会摔到地上，它会吐丝把身体悬挂着慢慢落到地上，或是悬在丝线上来回摆动，然后慢慢沿着丝线爬回树枝上。

为什么蚯蚓断成两半还能活

　　蚯蚓属于一种低等环节动物，它有头有尾巴，也有口腔、胃、肠以及肛门。它们的身体仿佛是一条两头尖的管子，外面的一层却是一环一环连接起来的体壁，其中还有许多中胚层细胞共同组成的肌肉系统。它的体内有一条用来消化食物的肠道，从头到尾贯穿在一层层的隔膜之间。在内外两层管中充满了体腔液，在每一隔膜的腹面都会有一个小孔，这个小孔就成为体腔液在体内穿行所需的通道。

　　蚯蚓被截为两截以后，断面上的肌肉组织就会加强收缩，一些肌肉组织快速溶解，然后形成新的细胞团。这时，血液中所含的白细胞也会同时集中在切面上，形成特殊的栓塞，从而使伤口快速闭合。而且它的中胚层细胞还具有十分强的分化能力，当它有创伤时，原本位于体腔内隔膜中的还没有分化的细胞便快速移动至伤口切面上来，并与自己已溶解的肌肉细胞连在一起，在切面上形成一个个结节状的凸起，被称为再生芽。同时，蚯蚓体内的消化道、血管以及神经系统等组织的细胞，经过许多次分裂，快速地生长。于是，切面上就会快速地再生出另外一个头来，并且另一端也会自然生出一条尾巴来。这样一条蚯蚓被截成两截以后不仅不会死，而且能够再生，于是就变成两条蚯蚓了。

为什么说蛇是人类的朋友

俗语说，"一朝被蛇咬，十年怕井绳"。其实即使没有被蛇咬过的人，一提起蛇也往往"退避三舍"，这不仅是惧怕毒蛇的蛇毒，就连蛇的形象也相当可怖。蛇在一般人的眼里，是一种凶恶可怕的动物，看到蛇那种昂首吐信、咄咄逼人的样子，实在令人不寒而栗。因此，人们对蛇"恨之入骨"，只要见到蛇，总是把它置于死地而后快。其实人们这样对待蛇是很不公正的，蛇虽有过，但也有功，总的来说，蛇对人类来说还是功大于过的，算是人类的朋友。

据统计，全世界共有蛇类2500多种，我国约有200多种。其中三分之一的蛇类捕食鼠类，是鼠类的天敌之一；有十分之一的蛇类是以害虫为食的。可见蛇对农业的贡献不小。

蛇在医学上也有一定的贡献。蛇蜕入药，能祛风、镇惊、杀虫、退翳。蛇胆能清肝明目，并有消炎、止咳、化痰等作用。

另外，蛇肉还是上等的美味佳肴。蛇肉质白、细嫩，含有丰富的营养，常吃蛇肉能达到防病治病、滋补强身、延年益寿之效。

蛇有时"敌友"不分，视"友"为"敌"。有的蛇类捕食"田园卫士"——蛙类。蛇也有时寻机打鸟类的主意，并偷食鸟蛋。但对人类危害较大的还是毒蛇，因为一旦被毒蛇咬伤就会中毒，蛇毒的毒性都很强，如治疗不及时就会危及生命。

为了减少和避免毒蛇对人类的伤害，人们应该了解关于毒蛇的一些知识和防治蛇伤的常识。

尽管毒蛇很厉害，但只要对它们有所了解，也并不十分可怕。首先毒蛇的数量较少，仅占蛇类的五分之一，我国约有毒蛇47种。绝大多数的毒蛇并不主动进攻人类，它们多是出于自卫才咬人的。

为了防止被毒蛇咬伤，要尽量不激惹蛇类，因为凡是毒蛇，受到激惹后进攻性都很强。如果不小心踩到它，就会被它反咬一口。据统计，在我国，从四季如春的江南，到冰天雪地的北国，各地都有毒蛇，只是南方比北方多一些而已。每年八九月间是毒蛇外出活动最频繁的季节，在这个季节里，尤其应当注意预防被毒蛇咬伤。八九月间，毒蛇觅食后常常在田埂或山间小径上小憩，因此在这个季节，不论是在田间劳动还是漫步于山间小径，或是在郊外游玩，都应该提防"拦路"的毒蛇。

如果不小心被蛇咬了，首先要判断是不是被毒蛇咬伤的。如果是毒蛇，一定有一对或一个毒牙的牙痕，可以看出在皮肤上有一对或一个小孔，而无毒蛇咬过的地方只有两行细小的牙痕。如果断定是被毒蛇咬伤了，应立即把毒血挤出来，防止毒液流到全身，然后马上请医生医治。

蛇没有脚为什么能快速爬行

蛇的爬行本领与它身披的独特外衣和它的骨骼构造有关。蛇的全身都包裹着鳞片，但这些鳞片和鱼鳞片不同，是由皮肤最外面一层角质层变成的，所以叫做角质鳞。而大多数鱼类，它们的鳞片是由皮肤最里面一层真皮层变成的。

蛇的鳞片比较韧，不透水，也不能随着身体的生长而相应地长大，所以蛇长大一段需要蜕一次皮。蜕皮后新长的鳞片比原来的要大些。蛇鳞不仅有防止水分蒸发和机械损伤的作用，也是蛇爬行的主要构造。蛇身上的鳞片有两种：一种在腹面中央，较大而呈长方形的叫做腹鳞；另一种在腹鳞的两侧以至到背面，形小，叫做体鳞。腹鳞通过肋皮肌与肋骨相连。蛇没有胸骨，它的肋骨能前后自由活动。当肋皮肌收缩的时候，引起肋骨向前移动而使腹鳞稍稍翘起。翘起的鳞片尖端像脚一样踩住地面或其他物体，就推动身体前进。另外，蛇的椎骨上除了一般的关节突外，在其前端还有一对椎突，与前一椎骨后端的椎弓凹构成关节，这样不仅使蛇的椎骨互相连接得更牢固，也增加了蛇身体左右弯曲的能力，使蛇体能够进行波状运动。这样，体侧不断对地面施加压力，推动蛇体前进。这种运动和腹鳞的活动相结合，就能使蛇身体很快地向前爬行。蛇的皮肤很松弛，当鳞片和地面接触时，身体内部先向前滑动，这种动作不但有助于蛇的爬行，也是它能够攀绕树木的原因。如果把蛇放在光滑的地板上，它就"寸步难行"了。

蛇为什么能长时间不吃东西

　　一项最新的研究显示，蛇类可以在缺乏食物的情况下将新陈代谢的频率降低70%之多，这使得它们不仅可以长时间不吃不喝而不死亡，甚至还可以长得更大。美国阿肯色州立大学的生物学研究生马绍尔·麦奎是这项研究报告的首席作者，他说："这些爬行动物能将自身的能量消耗水平缩减到令人惊奇的程度。"

这项研究报告被《动物学》杂志刊载，这是麦奎过去针对西部钻石背响尾蛇进行的一系列生化研究的扩展研究。

麦奎对分属于三大种类的总计62条蛇进行了绝食试验，这三大种类分别是锦鼠蛇、西部钻石背响尾蛇和球蟒。这个试验为期六周，其间麦奎对每条蛇的新陈代谢频率进行了测量和统计。

试验时间定为六周，是因为一般野生情况下六周是蛇类缺乏食物的典型时间长度。试验发现在缺少食物期间，蛇类都降低了新陈代谢的频率，最高的降低了72%之多。麦奎说："蛇类本来的能量消耗就已经很低了，我们没想到的是竟然会降到这么低。"

即使是在缺乏食物的状态下，这些蛇们仍然可以长得更长。麦奎说："这说明蛇类具有强大的选择性优势以长得更长。"他认为在进化的过程中，蛇类逐渐发展出了高效利用身体内部有限能量的能力。

在蛇类绝食试验的第一阶段，所有的蛇都倾向于消耗掉身体里的脂肪来获取能量；而绝食试验的第二阶段，不同种类的蛇会选择用不同的物质转化为能量。生活在可以捕获大量啮齿类猎物环境里的锦鼠蛇，相对于响尾蛇和球蟒类的蛇，会将更多地把蛋白质转化为身体所需的能量。

麦奎解释说："分解蛋白质来为饥饿期供能的蛇类可能更不容易适应饥饿。"

了解蛇类如何能够不吃不喝而生存的原理，将有助于我们更全面地了解蛇类进化的完整过程。

蛇为什么能吞下比它的头还大的食物

　　考察过蛇岛的专家，曾见到蝮蛇吞食比它头部大十倍的鸟儿。在我国海南岛捕到的蟒蛇，能吞食整头小羊、小牛。即使一般的蛇，它也能吞食比它头还要大的老鼠！蛇为什么有这么大的本领呢？

　　主要的原因是蛇的嘴巴能够张大。我们人，嘴巴只能张大到30度，可蛇却能张大到130度！原因是蛇类头部与开合有关的骨骼和其它的动物不同。蛇的头部接连到下巴的几块骨头及左右下巴颏之间的骨头都是可以活动的，不像其它动物那样与头部固定不动。

　　因此，蛇的嘴巴不但上下可以张得很大，而且左右也不受限制，能在一定程度内扩得很大，这样就可以吞食比它头大得多的东西了。尽管蛇的嘴形很巧妙，但在吞食前，还是要将捕获动物进行一番加工的：它将动物挤挤压压地弄成长条，在吞咽时，靠钩状牙齿帮忙把食物送进喉头。蛇的胸部由于没有胸骨，肋骨可自由活动，所以从喉头下咽的食物可直接进入可以胀大的肚皮；同时，蛇还会分泌出大量的唾液，这无异于添加了大量的"润滑油"。

什么是鱼

　　在动物界，鱼类是一个庞大的家族。据统计，全世界的鱼有两万多种, 其中我国有两千多种。

那么, 什么是鱼呢? 我们在日常生活中, 经常看见一些叫鱼的而不是鱼, 不像鱼的却是鱼的动物。比方说, 鲍鱼、墨鱼, 实际上是软体动物; 海滩上常见的星鱼, 是棘皮动物; 甲鱼和鳄鱼, 是爬行动物; 娃娃鱼, 是两栖动物; 鲸鱼, 则是名副其实的哺乳动物。

有趣的是, 有些水生动物的名字并不带 "鱼" 字, 而且外形也不像鱼, 如海龙和海马, 以及非洲尼罗河中的河象, 但它们却又地地道道地属于鱼类。

衡量一种动物是鱼或者不是鱼的标准是什么呢?

在水中生活、体表有鳞、用鳃呼吸、用鳍游泳、心脏分一心房和一心室, 合乎这些条件的, 才能叫做鱼。

"鱼儿离不开水", 这是众所周知的。因为鱼用鳃呼吸, 直接吸收溶解在水中的氧气, 所以, 一旦离开水就会闷死。

不过, 事情总有特殊的情况, 有的鱼还真能离开水哩。

在鱼类的家族中, 有个别成员除了有鳃以外, 还有特殊的 "副呼吸器官"。当它们离开水上岸或钻入泥沙中时, 鳃不能进行呼吸, 而副呼吸器官就从空气中直接呼吸氧气, 并且排出体内产生的二氧化碳。

例如, 黄鳝的副呼吸器官是布满毛细血管的口腔和咽喉的内壁; 鳗鲡皮肤上的鳞已经退化, 薄薄的皮肤上布满毛细血管, 可直接与空气进行气体交换; 泥鳅不仅皮肤是副呼吸器官, 而且它的肠子也能起呼吸作用, 肠子前段用来消化食物, 后段就用来呼吸; 有的鱼, 甚至还有特殊的 "肺" 作副呼吸器官。

鱼儿生儿育女的方式大多数是卵生的。比如鲫鱼和鲤鱼, 一条雌鱼, 每年能产数十万粒卵; 翻车鱼产的卵更多, 可达三亿粒。然而, 也有例外, 鲨鱼腹中怀的却是小鲨鱼。

难道说在鱼类家族中，还有"胎生"的吗？

有。大多数鲨鱼、魟鱼等，属于卵胎生。它们的受精卵不排出体外，而是在母体输卵管里发育成胚胎和胎儿。不过，发育过程中所需要的养料，如同卵生一样，全靠受精卵本身供给，母体只是给它提供一个安全可靠的发育环境而已。

在鱼类中，也有真正胎生的，如灰星鲨和真鲨等。受精卵在母体内发育成胚胎和胎儿，并且形成胎盘，由母体供给营养。当然，这种生育方式每胎产下的小鱼是不多的，一般只有几尾。

水中的动物有哪些游泳方式

大多数鱼类主要依靠尾及尾鳍的摆动游泳，但有些鱼的体型像蛇，它们是依靠身体做波浪式的运动在水中前进的。

鲸类等终生生活在水中的哺乳动物是用变成了鳍的形状的脚和尾游泳的。

蛙类和游禽以及既能在水中生活又能在陆地上休息、繁殖的哺乳动物是用蹼足游泳的。

以上这些生活在水里的动物，在水中可以任意定向、运动自如，而且运动速度也很快。但有些水生动物在水中不能定向，只好随波逐流，过着漂泊的水上生活，如海月水母和桃花水母等。

海月水母和桃花水母属于腔肠动物。由于它们是低等动物，身体构造简单，器官分化不全，没有头部尾部、上身下身，更没有心肝肺这样的高等器官，只好在水中随波逐流。

生活在热带和温带海洋里的一种鲫鱼，游泳器官很健全，但却懒于游泳。它们头顶上长有一个吸盘，它们就依靠吸盘吸附在大鱼或大的海洋动物身上，就像乘上"公共汽车"一样而"周游四海"，进行"免费"旅行。

琉球群岛和南洋群岛有种鱼叫"兵儿鲇"，它们游泳时故作姿态，将它那杨柳条般的细长身躯直立起来向前游，好像要模仿人直立行走、做一个"窈窕淑女"似的。更滑稽的是生活在南海里的一种"小虾鱼"，它们不但竖着身子向前游泳，而且还模仿杂技演员做"倒立行走"。

有些鱼能在水中肚皮向上游泳，如非洲的鲶鱼，能仰面朝天，在水面自由游泳。刺河豚也能仰面朝天、浮于水面，这还是它逃避敌害的一项有效措施咪！

热带海洋里有一种"蝴蝶鱼"，它的头部和尾部都有一条黑带，在尾部突出的部位还有一个大圆点，活象它的眼睛，因而头部与尾部十分相象。它游泳时，不是向前方游，而是缓缓向后游。一旦遇到敌害时，它才突然向真正的头部方向快速逃窜，这会让敌害大出所料，用这种方式它每每化险为夷。没想到它的这种游泳方式还是一种保护自己的方法呢，真令人叹服。

弱小动物是怎么保护自己的

在弱肉强食的动物界里，动物为了生存和繁衍后代，竞争极为激烈。肉食动物如果捕不到弱小动物就会被活活饿死，因而肉食动物为了生存练出了一套高超的捕食本领，而弱小动物则是凭借高超的自卫本能才得以生存。经过自然选择与淘汰，只有那些最具有捕食能力的动物和那些具有良好的自卫能力的动物才能生存下来。

在强食动物高超的捕食本领面前，弱小动物的自卫本能，其技巧之高超，已达到了令人惊奇的程度。

保护色是动物利用颜色保护自己的一大绝招。保护色是动物使自己的体色与周围环境的色彩相同或相近。由于它们的体色与环境的色彩非常相似，可以减少或避免被敌害发现而受到攻击。如由于青蛙常年生活在池塘边，它的体色与水边草地的颜色十分相近；生活在地表和地下的蟋蟀、蝼蛄一般都是棕黑色，与泥土的颜色相似；生活在终年冰雪覆盖的北极的白熊、银狐和雪枭，身体的颜色是雪白色的；生活在沙漠里的跳鼠、狮子，身体的颜色是沙黄色的。即使同一种动物，也会因生活的环境不同而具有不同的体色。如生活在叶子上的螳螂是绿色的，生活在树枝上的螳螂是褐色的；生活在青草地上的蚂蚱是绿色的，生活在枯草丛中的蚂蚱是褐色的，生活在沙滩上的蚂蚱则是黄褐色的。

变色法是动物利用颜色保护自己的又一新招式。如我国新疆阿尔泰山区的雷鸟，能随季节的变化而改变颜色：在春暖花开时，它穿的是淡黄色的绚丽"春装"；盛夏酷暑时，浑身又换上了栗褐色的"夏装"；当秋风萧瑟的季节到来时，它"穿着"的是与环境颜色一致的暗棕色"羽裳"；而到白雪皑皑的时候，它便是一身银装素裹了。变色龙是著名的变色"艺术家"，它能在几分钟内改变颜色。而章鱼、比目鱼、鱿鱼等的变色比变色龙还快。章鱼平时是乳白色，当遇到敌害时，能变成暗红色、褐色、蓝灰色或紫褐色，它那忽明忽暗、变幻莫测的颜色能使敌害眼花缭乱而无从下口。

　　见过竹节虫、木叶蝶的人无不为它们的形态酷似它们周围的环境而叫绝，这是一种生就的拟态。动物利用拟态来保护自己，比保护色又进了一步。拟态比保护色伪装得更巧妙，它不仅颜色像周围的环境，连形态也与环境相似，敌害极难发现它们。

　　有些动物则是以它们独特的身体结构来保护自己的，如犰狳是依靠身体表面覆盖的骨质鳞片而使敌害毫无办法；刺猬、毫猪、海胆则是靠身上的尖刺而使对手望而生畏；鹿、兔子、斑马、黄羊等则是靠善于奔跑的腿脚来逃避敌害的。

　　有趣的是，生活在热带海洋里的一种鲫鱼则靠"狐假虎威"而使敌害对它们毫无办法。这种鲫鱼的头顶上长有一个印子般的吸盘，它们一般吸附在大鱼和大的海洋动物身上而"周游四海"。它们"乘坐"这种安全舒适的"公共汽车"既可以"免费旅游"，又能找到丰富的食物，还可以避开敌害的袭击，可谓一举多得。

　　有些动物为了生存，会弄虚作假、玩弄骗术。如刺河豚每当有敌害来临时，它便迅速冲到水面，大口吞咽空气，使整个身体鼓成一个大圆球，腹部朝上，浮在水面上。原来贴在体表的全身棘刺，这时全部竖起，"刀枪林立"，已非先前模样，使敌害望而生畏。乌贼在遇险时，便从墨囊里喷出如同烟幕的墨汁，烟幕状的墨汁把海水染黑，遮住了敌害的视线，待到墨汁消散，乌贼早已逃之夭夭了。

　　装死是动物用来保护自己的又一大伎俩。因为大多数肉食动物不愿吃死了的动物，所以有些动物便用装死来摆脱危险。产于美洲的负鼠是闻名的"装死专家"，它在受到敌害攻击时，会自动倒下，十分逼真地装出一副已经死亡的架势。它装死时还会瞪直双眼、半开嘴巴，装出一副僵硬的痛苦表情。当敌害离开时，它便恢复了常态。傻乎乎的鸭子，在被红狐狸追赶时，也会翻着白眼装死，而在狐爪下逃生。狐狸装死的技艺更高，它遇到敌害时会立即躺倒在地，全身瘫软，一动不动，等敌害离开后，它便溜之大吉了。

花朵为什么会五彩缤纷

盛开的鲜花，五彩缤纷，瑰丽夺目。有的赤红如血，有的洁白如玉，有的黄似橙橘，有的浓黑如墨。如此艳丽芬芳的花色是怎样形成的呢？

原来，花瓣颜色是由花瓣细胞内所含的色素决定的。这些色素归纳起来有三类。

第一类是胡萝卜素，存在于细胞的有色体或叶绿体中，种类很多，不仅花瓣中有，而且在根部、叶片、果实中也有。花瓣呈现红色、橙色及黄色等，即由于该类色素所致。

第二类是花青素，它多以葡萄糖等糖类结合形成糖甙（花青甙）的形式存在于植物细胞液中。由于花青素约有20种，花青甙有130种，各种植物的花瓣中包含的花青甙数量、种类不同，因而花朵显色幅度较大。当细胞液呈酸性时，可表现出红色、粉色、橙色等；呈中性时，为紫色；细胞液呈碱性时，则为蓝色。

第三类是类黄酮，也以糖甙形式存在于花瓣细胞液中，可呈现出从浅黄至深黄的各种花色。细胞液碱性越强，其黄色就变得越深；反之，如酸性越强，其黄色就变得越浅。

黄色的花朵是很常见的。浅黄色花瓣中最常见的色素是类黄酮，像金鱼草、大丽花等的奶油色、象牙色的花即是。较深的黄色，像郁金香、百合花和蔷薇花等主要是含类胡萝卜素形成的。还有一些花，像万寿菊等，其深黄色则是由类胡萝卜素和类黄酮协同显色的结果。通常认为类胡萝卜素比类黄酮显示的黄色效果显著。

橙色的花，与类胡萝卜素和花青素含量的比例有关。如前者含量多些，则显示出偏黄的橙色，像橙黄的百合；而后者含量多些则显示出偏红的橙色，像天竺葵特有的橙色花瓣；两者之间含量的变化，影响花色显示出微妙的差异。

红色和粉色的花朵，像牡丹、桃花等，其花色均与花青素有关。而花瓣红色的深浅则是由花青素的含量来决定的。

自然界中有不少植物是开蓝色花的，显得十分娇艳，如石竹和矢车菊等。但科学家在花朵中始终未找到蓝色的色素。从矢车菊、石竹等蓝色花瓣中提取的色素，主要是花青素。那么花青素又是如何显现出蓝色的呢？这个问题，争论了几十年还没有定论。不过，有的科学家认为这是由于花青素和金属元素、助色素等组合成为一种十分复杂的络合物，在花朵细胞液中显现蓝色，于是就有蓝色的花，如石竹蓝色花瓣内的花青素就是由钾、钠等金属原子结合成盐类形式存在的，而且很稳定，不受细胞液酸碱度变化的影响而改变颜色。

绿花和青花，就是花中色素以叶绿素为主。至于占花色30％的白花呢，那是花中不含色素，只是组织里充满了无数小气泡，所以看起来是白色的。如果挤掉这些气泡，白花就成为无色的了。实际上，有的科学家认为自然界里根本就没有纯白色的花，白色花瓣的色素是存在于花瓣中的极浅的黄色色素类黄酮。

那么，在千万种花色中共有多少种色彩呢？有人曾经统计过4000多种花色，发现有白、黄、红、蓝、紫、绿、橙、茶和黑等9种色彩。其中以白色最多，其次是黄花、红花、蓝花、紫花、绿花、橙花、茶花，最少的是黑花。花的颜色多在红、蓝、紫之间变化，其次是在黄、橙、橙红之间变化。

　　五彩缤纷的花色，给人以美的享受，但对植物本身来说，不过是招引昆虫传粉的标志广告。不同的花色为不同的昆虫所青睐：蜜蜂喜爱蓝色和黄色的花朵，对含类黄酮的白色的花朵也喜爱；甲虫一般对颜色的感觉能力差，喜爱暗淡色、奶油色或绿色的花朵；蝶类喜红、紫等鲜艳颜色的花朵；蛾类喜红、紫、淡紫和白色的花朵；蝇类喜暗淡色、棕色、紫色或绿色的花朵；胡蜂喜棕色的花朵。

什么花是世界上最大的花

　　世界上最大的花是生长在印尼苏门答腊的热带森林里的一种寄生植物——大花草。它一般寄生在别的植物的根上，其样子很特别，没有茎也没有叶，一生只开一朵花。可这一朵花特别大，最大的直径是1.4米，普通的也有1米左右。因此，大花草长的花又叫大王花，可以算得上是世界上最大的花了。大王花盛开的时候为红褐色，上面有许多斑点，花的中央部分像个大脸盆，外面有5片很厚的大花瓣，含有很多浆汁，花的重量可达六七千克。花心中央有个空洞，里面可以装上好几千克的水。令人奇怪的是，这种举世无双的花朵，刚开的时候还有一点香气，可过不了几天就臭不可闻了，与它那雍容华贵的外表不相匹配。但是，也正是强烈的腐肉般的恶臭使某些喜欢臭味的小蝇闻臭而来，为它传粉、繁衍后代。别看大王花的花朵大得出奇，但种子却小得可怜，常常粘到大象的脚上，传播到各地去安家落户。

为什么植物到一定季节才开花

春兰、夏荷、秋菊、冬梅，植物开花各有一定季节。

在植物的一生中，开花是一个很重要的环节，说明它已进入到繁殖阶段。但是，植物开花时有自己的临界温度指标和临界积温指标，如一般木本植物，其临界温度指标为6~10℃。也就是说，当两者都满足了要求时，即使处于冬眠中的植物也会苏醒过来，并且作出反应——萌芽展叶，开花结果。

还有，各种植物开花时对日照的要求不一样，有的需要超过一定日照限度时才能开花，被称为"长日照植物"；有的短于一定日照限度时才能开花，被称为"短日照植物"。在自然界里，短日照植物多在早春或秋季开花，长日照植物多在暮春或初夏开花，因为前者日短夜长，后者日长夜短。不过，有的植物对日照长短要求并不严格，只要条件合适就能正常开花结果，这些植物被称为"中日照植物"。

我们掌握了植物开花的规律以后，只要改变它们的生长环境，或者加温，或者照光，或者遮光，就可以改变它们的开花季节。

为什么说铁树不容易开花

铁树，又称苏铁，是一种美丽的观赏植物，也是一种古老的裸子植物。它树形美观，四季常青。一根主茎拔地而起，四周没有分枝，所有的叶片都集中生长在茎干顶端。铁树叶大而坚挺，形状像传说中的凤凰尾巴。为此，人们又把铁树称为"凤尾蕉"。铁树一般在夏天开花，它的花有雌花和雄花两种，一株植物上只能开一种花。这两种花的形状大不相同：雄花很大，好像一个巨大的玉米芯，刚开花时呈鲜黄色，成熟后渐渐变成褐色；而雌花却像一个大绒球，最初是灰绿色，以后也会变成褐色。由于铁树的花并不艳丽醒目，而且模样又与众不同，不熟悉的人大多视而不见。这也许是人们觉得铁树开花十分罕见的一个原因。铁树的老家在热带、亚热带地区，它天性喜热怕冷。在我国云南、广东等地，铁树开花是正常的现象，不足为奇。

荷花为什么能出污泥而不染

荷花又叫莲花，原产在亚洲南部和澳洲，是多年生的水生植物，它的根茎埋在泥里，肥大的根茎称为藕，藕上有节，节上有须根扎入泥土深处，而长出的叶片和花茎则挺出水面。每当夏季来临，青翠的荷叶在碧波上摇曳，而万绿丛中的荷花则展现出迷人的风姿。荷花花谢后就结出莲蓬，里面有莲子，莲子受硬壳的保护可以在土里埋几百年甚至上千年而不坏，被认为是世界上最长寿的种子。

荷花天生丽质，出污泥而不染，很受我国人民的喜爱，在古代就有很多咏唱荷花的诗歌。战国时期的伟大诗人屈原在他的《离骚》中写道："制芰荷以为衣兮，集芙蓉以为裳。"宋代诗人杨万里也写道："毕竟西湖六月中，风光不与四时同。接天莲叶无穷碧，映日荷花别样红。"周敦颐更有《爱莲说》，赞荷花"出淤泥而不染，濯清涟而不妖"。相传农历六月二十四日是荷的生日。古时候这一天为荷花节，人们相约观赏荷花，热闹非凡。而每当江南采收莲子的时候，男女青年泛着轻舟、唱着歌谣，在荷丛中穿梭往来，描绘出一幅水乡优美的风情画。

荷花又称莲花，不但受到我国人民的喜爱，而且在古埃及，莲花是朋友、爱人之间互相馈赠的典雅饰物。传说古埃及的智慧之神托特的妻子奉献给丈夫一束莲花，以表示她对丈夫的忠贞和爱情。在印度，莲花象征神圣和贞洁。寺院中的佛像都是坐在莲花上的，而佛教最重要的一部经典便是《妙法莲花经》，"佛即莲，莲即佛"。在我国龙门石窟中，有一窟叫莲花洞，洞内除了四面的佛像以外，就是顶部一朵灿然生辉的巨型莲花。

几千年来，荷花与我国人民更是结下了不解之缘，直到今天，它仍是洁身自好、品格高尚的象征。

那么，荷花为什么能出污泥而不染呢？这主要是因为荷花的外表层布满了一层蜡质，而且有许多乳头状的突起，突起之间充满着空气，能阻挡污泥、浊水的掺入。

无花果真的不开花吗

从无花果的名字看起来，无花果好像是没有花的，事实究竟是怎样的呢？典型的花，由花托、花被（就是花萼和花冠）、雌蕊和雄蕊四部分构成，这四部分都有的叫完全花，例如桃花；四部分不完全具备的叫不完全花，例如桑树花。一般植物，是花托把花被、花蕊举得高高的，因此引人注目。而无花果的花却悄悄躲藏在肉质花托的内壁上，人们看不见它，因此认为它是不开花的。

说起来你或许不相信，无花果还会一年开三次花、结三次果哩！当大地回春、草木开始萌发的时候，花已经先于叶子在前一年的新枝上长出来了；夏季万物欣欣向荣，它蓬蓬勃勃地抽枝发叶，同时生出花来；在秋高气爽、雨水充足的时候，它的枝条又迅速往上长，同时生出花来。第一次花结的果子在夏天成熟；第二次花结的果子在夏末和秋初成熟；第三次花结的果子在深秋成熟。

无花果的老家在西南亚的沙特阿拉伯、也门等地，到目前为止，全世界栽培品种已有1000多个。在我国各地均有栽培。

无花果味道鲜美，类似香蕉，营养丰富。鲜果中含有较多的果糖和葡萄糖，可以加工成蜜饯、果酱、果干等。在中医学上，干果还可以入药，能开胃止泻，治咽喉痛。

为什么有的瓜果无籽

吃无籽的柑橘、西瓜、葡萄以及香蕉的时候，不必担心籽核硌牙。它们为什么没有种子呢？这个问题谈起来还满有趣哩！

先说无籽温州蜜橘。五百多年以前，一位日本和尚来到我国浙江天台山进香。他见温州的柑橘个大、籽少、味道好，便带一些回到日本去种植。几年以后，小树结出金灿灿的果实。他采摘品尝后，发现有棵树上的橘子没有籽，他便把那棵树的枝条嫁接到别的橘树上。后来无核蜜橘便大批出现了。

本来有籽的柑橘，变得没有籽了，在栽培学上称做"变异"现象。温州蜜橘由于花朵内雄蕊发育不正常，花粉干瘪，落在雌蕊柱头上不起授粉作用，所以不能结籽。幸亏子房内能够分泌大量的生长激素，能使子房长大成果。

无籽西瓜也是变异而成的吗？不，它是科学家巧夺天工之作。

在每种植物的细胞核里，"染色体"的数目相对不变，而且都是双数，叫二倍体植物。进行有性繁殖时，"染色体"双双配对，正常结籽。西瓜的"染色体"是22个。1939年，日本育种家木原试用秋水仙碱溶液滴西瓜幼苗，使"染色体"成倍增加，由22个变为44个。由于"染色体"为双数，仍能正常结籽，科学家称它为四倍体西瓜。然后将四倍体西瓜籽与普通的二倍体西瓜籽在一起进行杂交，结出的西瓜体内的染色体数目既不是22个也不是44个，而是33个，叫三倍体西瓜。这种西瓜的瓜籽长出来的瓜秧，因染色体不成双数，进行有性繁殖时不能双双配对，所以不育，于是结出了无籽西瓜。

至于无籽葡萄，除了天然形成的以外，多数是使用赤霉素等刺激素分别在葡萄开花前、开花后对果穗进行处理的结果。

有趣的要数香蕉。相传佛教始祖释迦牟尼在山边溪旁讲经传道时，由于饥饿难忍，便摘下香蕉充饥，吃后顿觉心明眼亮、智慧倍增，终成如来佛祖，所以香蕉在国外又有"智慧之果"的别名。它本来就是三倍体植物，无须人们改变、加工就能结出无籽果实。

无籽瓜果是美好的，我们应当借助科学手段向大自然索取更多的无籽瓜果。

为什么向日葵的花总是朝着太阳

过去人们一直认为，向日葵的花盘总是朝着太阳是植物的生长素在起作用，是生长素分布在花盘和茎部的背阴部分，促进那里的细胞分裂增长，而向阳面的生长相应地慢了，于是植物就弯曲起来，葵花的花盘就这样朝着太阳打转了。

然而，近年来植物生理学家发现，在葵花的花盘基部，向阳和背阴处的生长素基本相等。显而易见，葵花向阳就不是植物生

长素在起作用。那么，是什么原因使葵花向阳呢？

有人做了实验，在温室里，用冷光（就是日光灯）代替太阳光模拟阳光方向对葵花花盘进行照射。尽管早晨从东方照来，傍晚从西方照来，葵花始终都没转动。然而，用火盆代替太阳，并把火光遮挡起来，花盘就会一反常态，不分白天黑夜，也不管东西南北，一个劲儿朝着火盆转动。由此可见，向日葵花盘的转动并不受光线的直接影响，而是由于阳光把向日葵花盘中的管状小花晒热了，基部的纤维会发生收缩，这一收缩就使花盘能主动转换方向来接受阳光。所以，向日葵还可以称做"向热葵"。

竹子开花后为什么会枯死

大熊猫是我国特有的珍稀野生动物，也是我国古老的物种、活化石，被列入濒危物种，属于国家一级保护野生动物。它主要分布在我国四川、陕西、甘肃局部地区，以箭竹为主要食物。1983年5月以来，这些地区出现了大面积箭竹开花枯死现象，直接威胁着大熊猫的生存。灾情发生后，全国上下都行动起来，投入了抢救大熊猫的活动。

那么，为什么竹子开花就会枯死呢？我们知道，植物的生长要经过发芽、生根、生长、开花、结实，最后产生种子的周期，这叫完成一个生命周期。有的植物在一年或不到一年的时间里完成了一个生命周期，植株随之死亡，这类植物属于一年生植物；有的植物要经过几年生长以后才开始开花结实，但植株却能活多年，这类植物属于多年生植物。竹子虽能生活多年，但不像常见的多年生植物一样，在一生中可多次开花结实，而是只开花结实一次，结实后植株就死亡，因此属于多年生一次开花植物。

竹子要长到什么时候才开花呢？竹子开花一般是在气候反常、特别是干旱的年代。并且由于竹子地下茎纵横交错、互通养分，竹子常常是成片开花、成片死亡，这是竹子不同于其他植物的特殊的生理现象。因此，我们都不希望看到竹子开花，希望竹子永远那么郁郁葱葱、青翠可爱。

竹子开花后死去是植物世界最奇异的现象之一。还有一些生命周期不止一年的植物，也会开花后死去。在寒冷的北极地区有一种叫顶冰花的植物，它生长在冰天雪地中，可以发芽、抽叶，但花朵却迟迟含苞而不放；直到天气稍稍转暖，花茎才挺出雪面，开出美丽的花朵。但是随着花开、花放，顶冰花地面部分的死期也就到了，留下的种子将重新开始生活。

为什么把叶子称为绿色工厂

"世界上再高明的厨师也不能把二氧化碳和水制造成食物，但是植物的叶绿体却有这种奇特的本领。"这是苏联著名的植物生理学家季米里亚捷夫赞叹叶绿体功能时说的。叶绿体主要存在于叶片的叶肉细胞中。叶绿体非常小，大小只有5微米左右，一个叶肉细胞常常包含着数百个叶绿体。在每个叶绿体内，还有更细小的绿色小粒——基粒。它由一片片像千层饼一样的光合膜组成，植物的光合作用就发生在这些千层饼模样的光合膜上。当光线通过叶绿体内的光合膜时，叶绿体的绿色色素——叶绿素就开始了工作，它利用太阳光来分解水，同时还原二氧化碳以形成碳水化合物，并且放出氧气，这一过程就是光合作用。通过一系列的化学变化，植物将通过叶在光合作用中形成的碳水化合物逐渐转化成植物的淀粉、脂肪、蛋白质等各种有机化合物，太阳能也就变成了化学能贮藏在植物的身体里面。因此可以说，农业生产的各种食品都是太阳能潜能的表现形式，是"太阳能的罐头食品"。

就整个地球来说，在1.49亿平方千米的陆地上，每年陆生植物可将大约163亿吨碳转化成有机物质；在3.61亿平方千米的海洋里，每年海洋植物可将大约200多亿吨碳转化成有机物质。把水生植物和陆生植物两者相加起来，绿色植物一年制造的有机物质的量大约为1000多亿吨。有机物质的量虽然很多，但是其中占比重最大的是纤维素，而为人类生产的食物才不过占全部"绿色工厂"产品的30%左右。

地球上到处充满阳光，"绿色工厂"所需要的原料水和二氧化碳也并不缺乏，但是绿色工厂利用太阳能量的效率却很低，一亩地的农产品中所贮存下来的能量还不到一亩地上所受阳光能量的百分之二（一般为0.5%~1.5%）。因此要提高绿色工厂中产品的产量，就必须改进农业措施，设法满足水、二氧化碳及阳光的供应，以充分发挥绿色工厂的生产潜力。

发生在"绿色工厂"中的光合作用过程，说起来似乎很简单，但是其中的细节却十分奥妙。直到现在，人类还很难用人工方法去模仿它。由于这是个关系到如何进一步利用太阳能及人工合成食物的大问题, 所以科学家们一直在热心地进行研究、探索、以求尽快揭开这个前景诱人的绿色工厂之谜。

为什么有的树叶秋天会变红

秋天, 许多树木要落叶, 在落叶前叶子往往变成黄色, 但有少数树种叶子却变成猩红色, 叫做"红叶"。我们知道, 树叶中含有很多色素, 如叶绿素、叶黄素、胡萝卜素等。叶绿素颜色较深, 在夏天常常盖住了其他色素而显出浓荫油绿的颜色, 但当秋天来临时, 阳光虽然依旧强烈, 但温度却慢慢降低, 叶绿素就会因为遭到破坏而渐渐消失, 这时黄色的叶黄素、胡萝卜素就显示出来, 秋天叶子变黄就是这个道理。也有的植物在强光、低温、干旱的条件下, 叶子在凋落前会产生大量的红色花青素, 这就是形成红叶的原因。据统计, 叶子能够变红的树木约有几千种。大多数植物的叶子从诞生到死亡, 一般只有几个月的寿命。

树木为什么会落叶

树木落叶有两种情况: 一种是每当寒冷季节到来时, 全树的叶子同时枯死脱落, 仅存秃枝; 另一种是在春季新叶长出后, 老叶子才逐渐枯落，落叶不是集中在一个时期，从外表看来树木终年是绿的，因而称为常绿树，如松树和柏树等。

树木的落叶是内因外因共同作用的结果。内部原因是叶片经过一定时期的生理活动后，细胞内积累了大量的代谢产物引起叶细胞功能衰退、衰老、直到死亡；外部原因是由于气候寒冷、水分供应不足等不良环境造成叶的枯落。

生物学家经过研究还发现，植物体内存在着一种叫做脱落酸的植物激素，能刺激叶片的脱落。随着秋天的到来，日照时间缩短，气温降低，脱落酸就大量生成并很快转移到有关部位，促使叶柄基部脱离层的产生，使叶子脱落。

树木落叶是一种正常的生理现象，也是树木对低温干旱等不良气候条件的一种适应性反应。

含羞草为什么会"害羞"

含羞草是一种很有趣的观赏植物，当你用手轻轻碰一下它的叶子时，它就会像害了羞一样，把叶子合拢来、垂下去。你触得轻，它动得慢，折叠的范围也小；你触得重，它动得快，不到10秒钟，所有的叶子就能全部折叠起来。

含羞草为什么会动呢？原来，在含羞草叶柄的基部，有一个充满水分的叶枕。当你用手触摸含羞草时，叶子振动了，叶枕下部细胞里的水分立即向上部与两侧流去，于是，叶枕下部像泄了气的皮球似的瘪下去，上部像打足了气的皮球似的鼓起来，叶柄也就下垂、合拢了。当含羞草的叶子受到刺激做合拢运动的同时，还会产生一种生物电，将刺激信息很快扩散到其它叶子，其它叶子也依次合拢起来。不久，当这次刺激消失后，叶枕下部又逐渐充满水分，叶子就重新张开恢复原状。

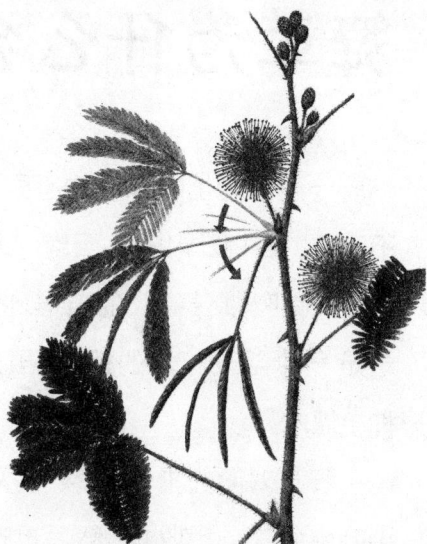

含羞草的这个特点对它的生长很有利，是它对自然条件的一种适应。在草地或林间，当它受到触动时，它迅速闭合叶片和突然下垂的小伎俩会使动物有所畏忌，这就防止了它可能被草食动物吃掉的危险。而在天气突然变化、暴风雨即将到来的时候，它会在碰到第一滴雨、第一阵疾风时把叶子收起来，以避免狂风暴雨对娇嫩叶片的摧残。

另外，晴天里含羞草不受触动是绝不"含羞"的，即使有人碰它，"含羞"的时间也很短。然而，在阴雨天气到来前一两天，由于空气湿度增大，一些小昆虫飞不高，碰撞含羞草的机会就大大增加了。这样一来，含羞草就失去了晴天里的端庄大方，而变得"羞羞答答"，它那羽毛状的叶子总是合起来，叶柄也随之下垂。因此，气象工作者认为，含羞草"含羞"是阴雨天气即将来临的信号。

舞草为什么会"跳舞"

一般认为植物和动物不同，动物能活蹦乱跳，而植物却是直立不动的。但在我国华南、西南广大地区的丘陵、山沟的灌木林中，却生长着一种叫做"舞草"的植物，也有叫电信草、鸡毛草的。顾名思义，这是一种会"跳舞"的植物，虽然称为"舞草"，但它不是草，而是一种小灌木。

舞草对阳光非常敏感，在阳光的照射下，大叶旁边两片侧生的小叶会缓慢向上收拢，然后迅速下垂，像钟表的指针一样不息地回旋运转。同一植株上各小叶在运动时有快有慢，但很有节奏，此起彼落，堪称奇观，而且可以从太阳升起一直舞到太阳落山。

每当夜幕来临，舞草便进入"睡眠"状态，随着早晨的到来，它又开始"翩翩起舞"。关于舞草"跳舞"的原因，科学家们还没有研究清楚。至于舞草"跳舞"的作用，有人认为舞草"跳舞"可以起到自卫的作用，当它"跳舞"时，一些愚蠢的动物和昆虫就不敢前来进犯了；也有人认为舞草一般生长在阳光照射强烈的地方，为了不被强烈的阳光灼伤，大叶旁边侧生的小叶就不停地运动，起到躲避酷热的作用。

舞草作为会动的植物，是一种有趣的观赏植物；同时，它还是一种中药，具有舒筋、活络、祛瘀等功效。

还魂草是什么植物

在人迹罕至的荒山野岭里，在干旱的岩石缝隙中，生长着一种贵重的药材，叫"九死还魂草"。这种植物很奇特，干旱时，它的枝叶蜷缩起来，植物体变得焦干，进入了"假死"状态；当得到雨水、适宜温度时，它就大量吸水，枝叶舒展，又"苏醒"过来。由于干旱石崖难以保持水分，它要经过多次的"枯死"和"还魂"才能长大和繁衍，所以被称为"九死还魂草"。

九死还魂草的学名叫卷柏，关于卷柏能"还魂"的事，我国人民早有所了解，这从它的别名中就可以看出来。除了一般称做"九死还魂草"之外，它还被称做"回阳草"、"长生不死草"、"还魂草"、"见水还阳草"等等。

卷柏确实有顽强的抗旱能力，日本有位生物学家曾发现，用卷柏做成的植物标本，在时隔11年之后，把它浸在水里，它居然"还魂"复活，恢复了生机。

美洲的卷柏更加奇特，它们能在干旱时缩成圆球，随风滚动，遇到有水的地方就伸展开来开始生长，缺水时又开始旅行了，所以又被称做"旅行植物"。

卷柏的分布很广，多生于裸露的山顶岩石上，我国各地都可以找到。它具有收敛止血的作用，中医常用它来治疗吐血、出血症等，疗效很好。

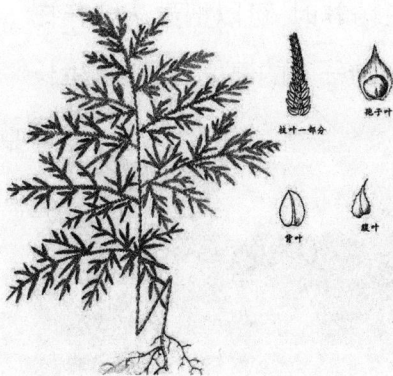

枝叶一部分

孢子叶

腹叶

背叶

灵芝草是草吗

灵芝是我们比较熟悉的补药,俗称灵芝草,其实它不是草而是一种真菌。

全世界已知灵芝种类百余种,在我国已记载的有57种,占总数的二分之一。通常所说的灵芝,是指灵芝属中的代表种红灵芝(赤芝)。

灵芝由菌丝体和子实体组成。菌丝白色、透明,具有分隔和分枝,表面常分泌有白色草酸钙结晶。子实体由菌柄、菌盖和子实层(菌褶下边)三部分组成。成熟的子实体木质化,皮壳组织革质化,有赤褐色漆状光泽和云状环纹;菌盖多为肾形或半圆形,近圆形的少见。菌盖下有侧生的圆柱状菌柄,偶尔也有中生的。菌盖背面为淡黄色,有无数小孔,呈管状,孢子就是从管内产生的,孢子褐色卵形。由于灵芝的种类不同,它的形态和颜色也不相同。

灵芝为热带、亚热带地区生长发育的中、高温型菌类,属于木腐生真菌,主要以木材中的木质素作为生长发育的营养物质基础。野生灵芝常长在山地腐朽的树桩上;人工培养时,可以把灵芝培养在装有锯末、麸皮为培养基的玻璃瓶中,保持一定的温度和湿度,生长50~60天即可采收。

灵芝是我国医药学宝库中的一味珍贵药物,明朝名医李时珍在他写的《本草纲目》中对灵芝的药效已有较详细的记载。

灵芝性温、味淡。能保肝、解毒、强心、镇静、抗惊、滋补、健脑、消炎、利尿、益胃，对支气管哮喘、克山病、冠心病等均有一定的疗效。近年来，中国和日本有关科研工作者试验证明，灵芝还具有治癌和防癌作用。国内外以红芝为原料制成了多种药用剂型，属于高效保健药品，被誉为"生命之泉"。

万年青为什么能一年四季保持绿色

万年青是一种观赏植物。它不但具有耐寒、经冬不凋、叶绿果红的特点，而且还特别习惯生活于背阴的环境中。即使在光照条件较弱的地方，它仍不失其碧绿可爱的色泽。

阳光是植物光合作用的能量来源，但是由于植物长期适应不同的环境条件，不同的植物需要光的强度是不同的。根据植物对光照强弱不同的要求，可把它们分为阳生植物（也常说喜光植物）和阴生植物（也常说喜阴植物）两大类。

阳生植物在较强的光照下才生长健壮，不耐荫蔽。在弱光条件下，阳生植物会生长发育不良，松树、桉树、杨树等一些树木以及栽培的落叶果树、农作物多属于这一类。

阴生植物不能忍受强光照射，适宜生长在荫蔽的环境中，如云杉、冷杉和一些森林中的草本植物。万年青就属于阴生植物。

这两类植物之所以能适应不同的光照环境,是与它们的叶片结构和生理特征分不开的。阳生植物的叶片质地较厚较硬,叶表面有很厚的角质层或蜡质层,有的表面还有绒毛,能反射光线,而且气孔小而密集,叶肉栅栏组织发达,叶脉细密。这些显然有利于在较强的光照下进行光合作用。而阴生植物的叶片结构恰恰相反,叶薄而无角质层或蜡质层,或角质层很薄,一般没有表皮毛,叶肉通常无栅栏组织和海绵组织的分化。这些形态特点均有利于在背阴的环境下,对微弱的光线进行吸收和利用。正因为如此,这两类植物利用阳光的最大能力——光饱和点就有很大差别。万年青等阴生植物在海平面全光照的1/10或更低时就达到了光饱和,超过光饱和点的光虽然也能被叶子吸收,但不能提高光合强度,而是以热能的方式释放出来。而松树、杨树、柳树等阳生植物,则需要很强的光才能达到光饱和。这就是万年青等阴生植物在背阴处仍然保持碧绿的奥秘。

独木为什么能成林

独木也能成林? 人们也许会感到奇怪。有一种热带和亚热带地区生长的大树就能创造出这样的美妙景观。它的名字叫榕树。榕树是一种寿命长、生长快、侧枝和侧根都非常发达的树种。它的主干和枝

条上可以长出许多气生根，向下垂落，落地入土后不断增粗成为支柱根。支柱根不分枝不长叶，具有吸收水分和养料的作用，同时还支撑着不断向外扩展的树枝，使树冠不断扩大。这样，柱根相连，柱枝相托，枝叶扩展，成为遮天蔽日、独木成林的奇观。

我国广东省新会县有一棵大榕树，树冠宽大达6000多平方米，犹如一片茂密的"森林"。这里距海不远，成为以鱼为食的鹤、鹳等鸟类的栖息场所，形成有名的鸟的天堂。而孟加拉国的热带雨林中有一株大榕树，树冠覆盖面积有1万多平方米，曾容纳一支几千人的军队在树下躲避骄阳。

小鸟很喜欢食用榕树的果实，坚硬不能消化的种子也就随着鸟类四处散播。除了在热带地区的那些古塔、墙头、屋顶上可以看到小鸟播种的小榕树外，甚至在大榕树上也生长着小鸟播种的小榕树，构成了树上有树的奇特景观。

我国台湾、福建、广西等地都有榕树的生长；其中，福州的榕树特别多，因而有"榕城"之称。

连理枝是怎么形成的

"在天愿作比翼鸟，在地愿为连理枝"，这是唐代大诗人白居易所作《长恨歌》中的名句。

连理枝是指两棵树的枝干合生在一起的现象。北京故宫御花园里钦安殿、浮碧亭的旁边都有这样合生的树。

连理枝在自然界中是罕见的。相邻的两棵树的枝干为什么可以合生在一起呢?

在树皮和木质部之间，有一层细胞叫做形成层，这一层细胞有很强烈的向外和向内的分裂作用，细胞分裂，增生了许多新的细胞，就会使树干长粗。如果两棵树在有风的天气里，树干互相磨擦，把树皮磨光了，到无风的时候，两条树枝挨近，形成层就贴在了一起，互相增生的新细胞就会长在一起，越是靠得紧就越容易长在一起。

古人从自然界里看到了连理枝形成的过程，就创造了人工嫁接的方法。人工嫁接无非是将一种植物的芽或枝割取下来 (叫做接穗)，同时将另一种植物的树皮割一切口，露出形成层 (叫做砧木)。这样，使接穗和砧木的形成层密接，用麻绳捆扎起来，过些日子就长在一起了。

从古书上的记载来推断，我国很早就用嫁接的方法来栽培果树了。例如唐代郭橐驼所著的《种树书》中对于嫁接作了很多有意义的记述，书中说:"桃接李枝则红而甘; 梅树接桃则脆; 桃树接杏则大; 李树接桃则为桃李。"

我们的祖先根据自然界中连理枝形成的机理发明了嫁接术，今天我们依然运用嫁接来创造新品种，嫁接术仍然是一个培育新品种重要的方法。

藕断丝连是怎么回事

这就要观察一下藕的结构了。原来植物在生长的过程中需要水和养料，而运输水和养料的组织叫导管和管胞。这些组织在植物体内四通八达，在叶、茎、花、果等器官中宛如血管在动物体内一样畅通无阻。植物的导管内壁在一定的部位会特别增厚，成各种纹理，有的呈环状，有的呈梯形，有的呈网形。而藕的导管壁增厚部却连续成螺旋状，特称螺旋形导管。在折断藕时，导管内壁增厚的螺旋部脱离，成为螺旋状的细丝，直径仅为3～5微米。这些细丝很像被拉长后的弹簧，在弹性限度内不会被拉断，一般可拉长至10厘米左右。藕丝不仅存在于藕内，而且在荷梗、莲蓬中也有，不过更纤细罢了。如果你采来一根荷梗，尽可能把它折成一段一段的，提起来就像一长串连接着的小绿"灯笼"，连接这些小绿"灯笼"的便是这种细丝。这种细丝看上去是一根，如放在显微镜下观察，会发现其实是由3～8根更细的丝组成的，宛如一条棉纱是由无数棉纤维组成的一样。

为什么雪莲花不畏冰雪高寒

雪莲是一种名贵中草药，生长在我国终年积雪的西北天山和西藏的墨脱一带。雪莲有不同的种类：有像洋白菜的苞叶雪莲，有植株俯伏在地上的三指雪莲。它们不畏严寒，迎风傲雪，生机勃发，人们把它视为坚忍不拔精神的象征。雪莲生长在海拔4500～5000米以上的乱石滩上。这里石屑成堆、山风强劲、气候瞬息万变，又有强烈的紫外线辐射，是一般植物无法生存

的。雪莲的植株矮而茎短粗，叶子贴地而生，上面还长满了白色的绒毛，可以防寒、抗风和防止紫外线的照射。雪莲的根十分发达，可有效地插入石缝中吸取水分和养料。每年7月，雪莲还会开出大而艳丽的花朵。它的花冠外面长着数层膜质苞叶，用来防寒、保持水分和反射紫外线的照射。每当天气晴朗、阳光灿烂时，雪莲尽情舒展着自己的叶片和苞叶，给雪地高原带来一片生机。

雨后春笋为什么长得快

　　有个成语叫"雨后春笋"，用以比喻某种新事物的大量涌现和蓬勃发展。因为，一场春雨过后，竹园里常常满地都冒出竹笋，并且长得很快，几天工夫竹笋就长成了高高的竹子。

　　为什么春季下雨后，竹笋长得特别快呢？原来，竹子是多年生的常绿植物，它的地下茎（俗称竹鞭）既能贮藏和输送养分，又有很强的繁殖能力。它是横着长的，和地上的竹子一样有节，节上长着许多须根和芽。这些茎节上的芽在出土之前就已贮足了生长必需的各种养分，到了春天天气转暖时就会向上长出地面。因为外面包着笋壳，我们就叫它"春笋"。但在这个时候，土壤还比较干燥，水分不够，所以春笋还长得不快，有的芽还暂时停在土里，像箭在弦上一样。下了一场透雨以后，

土壤中水分一多,春笋就纷纷窜出地面,而且长得非常快。

竹子的生长速度是很快的。竹笋出土5厘米后,一昼夜可以长1米多高,特别是春雨过后,24小时之内就可以拔高2米。树木生长一二十米高可能需要几十年,可竹子一两个月便可以长到这个高度了。

春笋吃起来味道鲜美,并且可以制成笋干和罐头食品等,很受人们的欢迎。

为什么竹子不会越长越粗

许多树木在长高的过程中也在不断地增粗,刚栽下的时候也许只有筷子那么粗,但过了十来年后,就会变成很粗的一棵树了。号称"世界爷"的美洲巨杉也是这样慢慢长成巨树的。可是竹子就不同了,竹子也能生长许多年,但是它的茎一出地面就不再长粗了,年龄再大也只能这么粗,这是什么原因呢?

因为竹子是单子叶植物,而一般树木大多是双子叶植物;单子叶植物和双子叶植物最大的区别就在于单子叶植物的茎里没有形成层。树木之所以能不断长粗,就是靠它的形成层不断产生新的木质,于是茎才一年一年粗起来。

竹子的茎没有形成层,它只有在开始长出来的时候能够长粗,到一定程度后就不再长粗了。

竹子能长到多粗呢?江西奉新县发现一株"毛竹王",它生长在毛竹山林里,高22米,眉围粗58.5厘米,地面围粗71厘米。据鉴定,这是目前发现的最高大的毛竹。

除了竹子之外，小麦、水稻、高粱、玉米等都是单子叶植物，所以它们的茎到一定程度后就不再长粗了。

野生植物是怎么传播的

世界上到处都有植物的踪迹。那是因为植物的种子具有能在各地"安家"和繁育的"本事"。

蒲公英的种子很轻且带绒毛，风一吹，它的果实就像一把把小伞一样张开，随风把种子带到远方。这类靠风传播种子的还有柳、榆、白头翁等。

生在海边的椰子树，椰子成熟时，坠落海边。椰子随海水漂流到别的岛屿，便在那里扎根生长。莲、刺果苏木、水葫芦以及绝大多数水生植物都是靠水传播种子。据统计，全世界光是靠海流传播种子的植物就约有100种。

人也可以帮助植物传播种子，例如我们吃水果时把果核扔掉，里面的种子遇到适宜的条件就会发芽，生长为果树，如苹果、梨的种子。

另外，动物身上和鸟的粪便中，也都经常带着各种植物的种子。随着它们的频繁迁徙，也可以把种子带到其他的地方，如葡萄种子。

当然，植物界也有不少靠自力传播种子的，如豌豆、凤仙花的种子是在果实成熟开裂后迸出，从而完成传播的。

植物对于其它生物的生存至关重要。植物为动物和人类提供呼吸所需的大部分氧气以及食物。至今，植物学家共发现和描述了35万多种植物，但实际上可能更多。

树干为什么长成圆柱形

无论我们走到什么地方，都会发现不同种类的树木。它们的树冠、叶子和果实的形状是那样千姿百态、变化多端，几乎不可能找出两种完全相同的树木来。但只要略加注意，就会发现几乎所有树木的树干都是圆的。那么，树干为什么大都是圆柱形而不是别的什么形状呢？

首先，树木长成圆柱形，输送养料的效率最高。我们可以作这样的比赛：两个小朋友用同样粗细的圆形吸管和方形吸管同时开始各吸一瓶汽水，用圆吸管的小朋友一定先吸完。在日常生活中我们看到的水管、煤气管等都是圆的，这其中的奥秘就在于圆柱形物体具有用料最省、装的东西最多、输送也最快的特点。树木长成圆柱形，这就能给树木最大限度地提供养料，以满足其生长发育的需要。

其次，圆柱形有最强的支撑力。树木无论长得多高多大，全靠一根树干支撑。有些果树丰收时，还要挂上成百上千斤的果实。如果没有强有力的树干支撑，哪能吃得消呢？

再说，圆柱形的树干对防止外来伤害也很有好处。它没有棱、没有角，就不容易被动物啃掉或被其它物体摩擦碰伤。大风吹来，也不容易把树木吹倒等等。

树木的年轮是怎么形成的

　　把树木锯倒以后，你可以看到一个有趣的现象：在树墩的横断面上，有一圈圈色泽不一、大大小小的同心环纹。这些同心环纹就是"年轮"。年轮由形成层每年的活动而产生。春夏季节，气候温和、雨量充沛，对树木的生长有利，这时形成层细胞分裂旺盛，新产生的细胞大而明显，导管又大又多，因此，木材就显得颜色淡，质地松软。到了秋天，天气渐冷，雨量更少，形成层活动减弱，分裂出的细胞形状小，加上细胞壁厚、导管又少，木材显得致密而坚硬，颜色也深。树木内的细胞和导管每年重复一次由大到小、材质由松到密的变化，从而就形成了色泽、质地不同的一圈圈环纹——年轮。

　　一个年轮，代表着树木经历了所生长环境的一个周期的变化，通常气候是一年一个变化周期，所以，年轮也就代表着一年中生长的情况。根据年轮的数目，可以推知树木的年龄，能用来考查森林的年代。不过，由于形成层有节奏的活动，有时在一年内也有可能产生几个年轮，这叫假年轮。像柑属类植物，一年可产生3个年轮。所以，由年轮计算出来的树木年龄，只能是一个近似的数字。

　　年轮不仅可用来计算树木的年龄，从

年轮的宽窄还可以了解树木的经历以及树木与当时当地环境气候的关系。在优越的气候条件下，树木生长得好，木质部增加得多，年轮也就较宽；反之年轮就窄。比如，树木最初的年轮一般比较宽，这表示那时它年轻力壮，生长力强；有时一棵树在出现了很多窄的年轮以后，突然出现宽的年轮，这表明在年轮宽的那几年，环境气候适宜，对树木生长有利。另外，还有偏心的年轮，那就说明树木两边环境不同，通常在北半球朝南的一面较朝北的一面温暖，所以朝南的一面年轮较宽。

地球上气温冷暖的变化，大致有一个200年一循环的周期。通过对树木年轮变化的研究，发现在200年的大周期内，还存在33年、72年、92年、111年的气候变化小周期，它们大多是11~11.5周期的倍数。而11年刚好是太阳黑子活动的周期，这也表明，太阳的活动已经直接影响到地球气温的变化。

目前，已经有一种专门的钻具，可以从树皮一直钻到树心，取出一个有全部年轮的薄片。这样就可以不再用砍倒树木就能计算出树木的年龄了。

通过对年轮变化规律的研究和对它所在地区气候的了解，对制定超长期气象预报及制定造林规划等都有指导意义。

植物身上的刺是从哪里来的

植物最令人讨厌的，就是它身上的刺。如果一不小心被扎到，就会将人刺得很疼痛，重的还会出血、感染。这些可恶的刺，其实都是植物身上的其他器官演变而来的。

就拿仙人掌来说，它身上的刺是由叶子退化而成的。仙人掌的老家在干旱的沙漠地区，那里雨水少，但蒸发强烈。为了适应干旱的环境，它将叶片退化成针状，缩小水分蒸发的面积，以绿色肥厚的肉质茎代替叶片进行光合作用。小檗、洋槐等身上的刺，也是叶子退化而成的。所以，这些刺叫做"叶刺"。

有的植物如枸杞、山楂等，它们的刺是茎演变成的，叫做"茎刺"。茎刺有一个特点，就是刺的着生有一定的位置，而且从茎的内部产生，和茎的维管束是相连的，一般不容易折断或剥离。即使强行折断，断面也很不平整。

蔷薇、玫瑰、月季等所生的刺，是由植物的表皮毛和少数皮层细胞变形而成的，叫做"皮刺"。这些刺的外形跟叶刺、茎刺很像，但实际上完全不一样，它们与茎的内部毫无关系，着生的位置很混乱，而且很容易剥离，剥离后的断面也很光滑。

植物浑身长刺看似很可怕，其实对它们的生存是非常有利的。人或动物看到全身长满尖刺的植物往往会退避三舍，这对植物来说无疑就增加了一份安全。

植物为什么能预报天气

青冈栎又叫青冈树，是一种常绿乔木，在我国分布很广。熟悉它的人都知道，它的叶会随天气的变化而变色，是名副其实的"气象树"。晴天，树叶呈深绿色；久旱将要下雨前，树叶变成红色；雨过天晴，树叶又恢复原来的样子。根据树叶颜色的变化，人们便可以预测天气是晴天还是阴雨天。这是为什么呢？

我们知道，一般树叶中含有叶绿素、叶黄素、花青素等，在一般情况下，叶绿素的合成占优势，其他色素都被叶绿素掩盖了，所以叶片呈绿色。而青冈栎对气候条件非常敏感，当久旱将要下雨前，光强、干旱、闷热，叶绿素的合成受到抑制，花青素的合成占了优势，因而叶色变红；当雨后转晴，叶绿素的合成又占了优势，树叶于是又变成了绿色。这样，树叶颜色的变化就成了预报天气的晴雨表。

在新西兰有一种花也能预报天气，当它的花瓣呈现萎缩包卷状时，便会出现阴雨天气。当地居民看花出门，如花开得很精神，就预示着不会下雨；而当花瓣呈现伸展大开形状时，便会晴空万里。这种花的花瓣是随着空气中湿度的变化而变化的，湿度越大，花瓣越蜷缩；湿度越小，花瓣越伸展。由此人们便可预知天气是晴还是雨。

植物不仅能预报天气，而且日本科学家通过实验和研究发现：有些植物还具有预报地震的特殊本领。东京大学有位教授，通过采用高灵敏的记录仪，发现合欢树能预报地震。他指出，在没有地震的正常情况下，合欢树发出的电信号具有固定的形状；在大地震来临之前的50小时左右，合欢树发出的电信号为"锯齿状"；在中小地震开始前50小时左右，发出的电信号变成"波状"或"胡须状"；当海底火山喷发时，发出的电信号为"尖刺状"；在发生像日本海中部地震和宫城县近海地震这样一类特大地震时，合欢树发出的电信号夹杂有"锯齿状"、"波状"和"胡须状"。

植物有胎生的吗

如果说某种动物是胎生的，大家绝不会感到奇怪，但如果说某种植物是胎生的，就会觉得很新奇了。

一般植物的种子成熟以后会马上脱离母树，而且要经过一段时间的休眠，然后在适宜的温度、水分和空气的条件下，在土壤里萌发成幼小的植株。但有一种叫红树的植物，种子成熟以后，既不脱离母树也不经过休眠，而是直接在果实里发芽，吸取母树的养料，长成一棵胎苗，然后才脱离母树独立生活。

为什么红树胎生呢？原来这和它特殊的生长环境有密切关系。

红树是一种小乔木，高2~12米，生活在热带、亚热带沿海一带的海滩上。我国广东、海南、福建和台湾的沿海地区，都有它的分布。在这些地方，红树和别的树木一起组成了红树林。红树林里有常绿的乔木和灌木，树林非常稠密。海滩上每天都涨潮和退潮，涨潮时，树木的树干全被海水淹没，树冠在水面上荡漾；退潮后，棵棵树木又挺立在海滩上，形成了海滩上的奇特景观。

红树所处的环境极其不稳定，潮水的涨落对它的威胁极大，如果没有非凡的本领，就休想在海滩上定居下来。就拿种子萌发来说，如果红树种子成熟后马上脱落坠入海中，就会被无情的海浪冲走，得不到繁殖后代的机会。可是，红树靠着种子胎生，却能世世代代在海滩上繁衍生息。

红树每年开两次花，春季一次，秋季一次。一棵红树花谢以后，能结出300多个果实。果实细而长，长度一般在20厘米以上。每个果实中含有一粒种子。当果实成熟时，里面的种子就开始萌发，从母树体内吸取养料，长成胎苗。胎苗长到30厘米时，就脱离母树，利用重力作用扎入海滩的淤泥之中。几小时以后，就能长出新根。年轻的幼苗有了立足之地，一棵棵挺立在淤泥上面，嫩绿的茎和叶也随之抽出，成为独立生活的小红树。

如果胎苗下坠时，正逢涨潮，便马上被海水冲走，随波逐流，漂向别处。但胎苗不会被淹死，因为它的体内含有空气，可以长期在海上漂浮，而不会丧失生命力，有的甚至能在海上漂浮两三个月。一旦漂到海滩，海水退去时，它就会很快地扎下根来，成为开发新"领土"的勇士。经过几十年，又会繁衍成一片红树林。

红树在适应海滩生活方面，除了具有胎生本领之外，还能长出许多支柱根和呼吸根。它的一条条支柱根从树枝上生出，直插海滩淤泥中，全力支撑着浓密的树冠，成为抵御风浪的稳固支架。一条条呼吸根像手指一样由土中伸出地面，吸收空气中的氧气和水汽，为根系供应氧气和水分。红树就是依靠着这些特殊的本领，在海滩上顽强地生活着。

红树和红树林里的其他树木，具有很高的经济价值。它们的根和树皮，可以提取单宁。它们聚成丛林，可以护堤、防风、防浪，保护沿海农田不受海浪或大风的袭击，形成一道道坚不可摧的"铜墙铁壁"。而且它们那些纵横交错的支柱根挡住了陆上冲来的泥土，加速了海滩淤泥的沉积，使海岸不断向大海延伸，所以红树林还是有名的造陆先锋呢！

在种子植物中，不只红树有胎生本领，红树林中的秋茄树、红茄冬和木榄等树木，以及不属于红树林的佛手瓜和胎生早熟禾，也都有胎生本领。

植物需要睡眠吗

很难让人相信，植物也需要睡眠，但这却是事实。花儿要睡觉，叶片也会睡眠，而且它们还有一定的睡眠姿势呢！

豆科植物的羽状复叶上的小叶片能够昼开夜合。例如有一种叫红三叶草（也叫红花苜蓿）的豆科植物小草，在阳光下，我们看到的是它的每个叶柄上的三片小叶都展开在空中。夜幕降临时，三片小叶就折叠在一起而垂下头来开始睡眠，这就是植物睡眠的典型现象。这种昼开夜合的变化在大约24小时的周期中反复发生，即使在完全黑暗中也仍然照样进行。植物学家称这种现象为就眠运动。植物体内的生物钟最早就是从这种现象中发现的。

会睡眠的当然不只是红三叶草的叶子，只要留心观察，我们到处可以看到叶子睡眠的现象。夏天的傍晚，合欢树那无数小羽片就成对成对地闭合，然后低下头来，含羞草的小叶闭合后也会低下头来。这些现象告诉我们，叶儿瞌睡了，夜幕降临了。

不仅植物的叶子有睡眠要求，就连娇柔艳美的花朵也要睡眠。例如，在水面上绽放的睡莲花，每当旭日东升之际，它那美丽的花瓣就慢慢舒展开来，似乎刚从酣睡中苏醒；而当夕阳西下时，它又闭拢花瓣，重新进入睡眠状态。由于它这种"昼醒晚睡"的规律性特别明显，因此人们就给它起名叫睡莲。

植物不仅要睡眠，而且睡眠的姿势还不尽相同呢！如落花生的叶片闭合后是向上举的，而红三叶草的叶片闭合后却垂向地面。植物的这种有趣现象，很早就引起了科学家们的注意。英国著名的生物学家达尔文早在100多年前经过研究就发现，一些因外力阻碍（如叶片上积聚的露水）而不能自动运动的叶片更易遭受冻害。他断言，植物叶片的下垂或竖立，具有保护叶片免受冻害的作用。

最近，科学家用一种灵敏的"热探测器"对一些豆科植物叶片的温度做了测量。实验结果表明，叶片位于水平方向的温度与叶片位于垂直方向的温度相差约1℃，尽管两者的温度差别很小，但还是证实了达尔文最早的观点。在相同的环境中，具有睡眠运动的植物生长速度较快，并比不进行睡眠活动的植物具有更强的竞争性，这也是植物长期以来适应昼夜温差变化而形成的一种遗传性特征。

植物也有变性现象吗

大千世界，无奇不有。在低等动物群体中，变性是一种常见的现象。脊椎动物中的鱼类，也存在着由于雄性与雌性的竞争而产生的变性现象。如黄鳝幼小时，都是雌性的，生育以后则全部变成雄性，等等。令人感到惊讶的是，植物界中也存在着变性现象。

印度天南星就是为数不多的变性植物之一。它是一种生长在温带和亚热带地区的林下或小溪旁的多年生草本植物。它雌雄异株，且有雄株、雌株和无性别的中性株三种类型。有趣的是，这三种植株可年复一年地互相转换性别，直到死亡为止。在通常环境条件下，它生长的第一年，一般全为雄株；当长得较大超过一定的高度时，就转变为雌株；如果环境变得恶劣，如连续干旱、土壤肥力不足等，其性别又会逆转，由雌性变为雄性；当环境条件好转后，再变为雌性。根据印度天南星性别变化与植株体型大小密切相关的现象,科学家提出雌雄植株的体型优势模型。该模型表明,雌株往往高于雄性和中性株。在一定高度范围内的植株,都可以发生性别变化。

印度天南星能随环境条件而改变性别的特性对其生殖有重要意义。植物在开花尤其是在结实时需要以消耗大量营养物质为代价,体型高大的植株才能制造更多的养分供结实需要,所以大型植株多为雌株,这样,小型植株多为雄株。前一年为雌株的大型植株,由于结实消耗了大量的营养,第二年便又变为雄株。当环境恶劣时,雌株没有足够的养分开花结实,如果它们转变为雄株,便可以使相距较远、生长在环境较好地方的雌株有较多机会获得花粉。至于中性植株的存在,也是由体内营养物质决定的,而且同样与环境条件有关。当它既不能变为雌株,又不"甘心"变为雄株时,就只好暂为中性了。

由此可见,高等植物的性别并不像动物那样,在胚胎时期就已决定,而要在其生长、分化和发育成熟后的某个阶段才能确定。因此高等植物的性别分化具有不稳定性。外界环境条件如营养、温度、湿度、日长、光强、植物激素等因素都对其有不同程度的影响。掌握了植物的这种特性,对那些较易改变性别的植物进行研究并适当地改变外界环境条件,就可以有效地控制一些植物的性别,使之向符合人们意愿的方向转化。如黄瓜多施氮肥、浇水,提高室内气温,就可多开雌花多结瓜;大麻少施氮肥多施钾肥,可多得雄株,等等。

研究植物性别形成的本质,寻找控制其性别的途径,是探索植物世界奥秘的热点之一。目前,这方面的研究还在不断深入。不久的将来,如果人类能去控制植物的性别,成为大自然的主人,农业生产的前景将更加美好。

植物之间也有"朋友"和"敌人"吗

　　别看植物不会动作、不会言语, 但很多脾气还同人类有相通之处呢。它们喜欢和朋友们生活在一起。同朋友们生活在一起的时候愉快、健康、茁壮成长; 而一旦同不喜欢的甚至"敌人"相遇时, 它们之间就会彼此厌恶、争斗, 弄得个你死我活。如苹果和樱桃种在一起, 大家都会长得很好; 把铃兰和丁香放得很近, 丁香就会很快凋萎; 而芹菜和甘蓝碰在一起, 谁也没有好下场。这是怎么回事呢?

　　原来, 在植物的生长过程中, 它们的根、茎、叶、花等器官会分泌出一些物质, 这些物质对它周围生长着的其它植物都存在着一定的有利的或不利的影响。如大蒜发出的气味, 蚜虫就很害怕, 将棉花和大蒜种在一起, 就会使棉花增产。洋葱有"田间大夫"的美名, 它身上发出的气味能杀死小麦黑穗病孢子和豌豆黑斑病菌, 它们种在一起会相处得很好。葡萄园里种植紫罗兰, 彼此不仅能友好相处, 而且结出的葡萄香味更浓。卷心菜与莴苣为伍, 莴苣散发出的刺激性气味会把卷心菜的大敌——菜粉蝶驱赶"出境"。

　　相反有些植物性情不合, 有的还不共戴天, 这样的事例也不胜枚举。胡桃树分泌的胡桃醌会伤害相邻的苹果树和番茄、马铃薯等, 严重者可造成死亡; 苹果园里种芹菜, 也会弄得两败俱伤; 黄瓜和番茄也是对头, 种在一起会同归于尽; 柏树旁植梨树, 柏树散发的气味能使梨树落花落果, 一无所获; 玫瑰花和木犀草相遇, 玫瑰花便拼命排斥木犀草, 木犀草则在凋谢后释放出一种特殊的物质, 使玫瑰花也中毒而死；下小雨的时候，雨水从紫云英的叶面往下滴，紫云英叶上含有一种叫硒的物质也溶进水里，周围的植物接触到有硒的水滴就会被毒死。

植物界这种例子还很多，我们可以利用它们之间的相互关系来进行科学的种植，取得最好的生态效应和经济效益。

树木为什么能改善人类的生活环境

树木与人类的生活休戚相关，人类的祖先就曾经依靠采摘树上的野果为生，从那时起人类就与树木结下了不解之缘。

现在，在人类的生活中，树木仍占有举足轻重的位置。如果没有树木，难以想象人类将是什么样子。从某种意义上说，地球上如果没有树木，这个生气勃勃的景象将会荡然无存。

科学研究证明，树木不仅能够防风、防沙、保持水土、维护生态平衡，树木还可以改善人们的生活环境。

据测定，在夏季，林区比城区气温低2~3℃，湿度高10%左右。植树绿化较好的街道比没有树木的街道气温低1~2℃，湿度高8%左右。在冬季，城区树林里比无树的空旷地带或广场气温高1℃左右。在炎热的夏季，走进树林里就有一种凉爽舒适的感觉，这是因为树木具有吸热、遮光、蒸发水分、减缓风速的作用，因而能调节气候。

生活在有树木的环境里会使人心情舒畅、身心受益。

树木还具有杀菌作用，空气中含有各种病菌，特别是在人口比较密集的城镇，空气中病菌的含量特别高，植树绿化可以减少病菌对人体健康的危害。这是因为许多树木在生长过程中能分泌出具有挥发性的芳香性物质，如丁香酚、肉桂油、柠檬油、桉油等，它们能够杀死白喉、肺结核、伤寒、痢疾、百日咳杆菌、葡萄球菌等病菌。人们称这些芳香性物质为"植物杀菌素"。据测定，一公顷松柏林每昼夜能分泌30千克杀菌素，杀菌素能在几分钟内把病菌杀死。有树木的街道比没有树木的街道，每立方米空气中的细菌含量少85%以上。

有这样一份测定结果，在闹市区的商店里每立方米空气中含菌量为400多万个，林荫道上是58万个，公园内是1000多个，林区只含55个。闹市区的商店里空气含菌量竟是林区的7万多倍，可见树木的杀菌能力之强。

如今有的城市里烟囱林立、烟尘弥漫，这些烟尘里含有大量的有害物质，如二氧化硫、硫化氢、氧化氮、二氧化碳及各种碳氢化合物。这些有害物质排放到空气里，使大气遭到严重污染，这种污染不仅危害人们的身体健康，还威胁着人们的生命。1952年，英国伦敦曾有4000多人死于这种污染。据科学实验证明，空气中二氧化硫的含量超过400ppm或硫化氢的含量达1000ppm时，人就会死亡。为了减少烟尘对人体健康的危害，除治理污染源外，植树也是一项行之有效的措施。据测定，每公顷森林每年能吸附30多吨烟尘、700多千克二氧化硫和硫化氢等有害气体。因此，树木被誉为有毒气体的净化器。

城市里的噪声也正在影响着人们的健康，噪声主要来自三个方面：工业噪声、交通噪声、生活噪声。噪声不仅使人学习不安、睡眠不宁，还会使人血压升高，脉搏、呼吸加剧，唾液、胃液分泌减少，消化系统运动受压抑，进而导致各种疾病。植树可以有效地降低噪声。据实验测定，植树绿化的街道比没有绿化的可降噪声8~10分贝，公园或庭院里成片的树林可降低噪声20~50分贝。因此，树木有"吸音板"或"隔音板"之称。

植树绿化既能为我们提供木材和林副产品，又可以改善人们的生活环境，有利于人们的身体健康，我们何乐而不为呢？

人为什么会做梦

夜深了，人们都进入甜蜜的梦乡，有的在梦中露出微笑，有的在梦中咿咿呀呀低语。那么，人为什么在睡觉时会做梦呢？

这要问我们每个人的大脑了。我们每个人的大脑里有着许许多多的脑细胞，这些脑细胞有的管我们说话，有的管我们睡觉，有的管我们走路等等，我们不管做什么事都要经过大脑。晚上睡觉时，有的脑细胞和我们人一样也休息了，可仍有一部分神经细胞没有休息，仍处于兴奋状态，正是这个原因，人的脑海中便产生了梦。梦离不开日常生活，所以，我们在白天想的事或看到的事就会在睡觉时重现在脑中，这就是梦。有些梦，往往与自身经历中有深刻印象的事情密切相关，或者受到小说、电视、电影中某些情节的影响。还有一些梦，是因为身体某部分受到刺激后产生的。例如受到尿憋的刺激时，常常会梦到厕所。形成梦的另一原因是强烈的愿望。恋爱时，梦中经常会出现恋人的身影。当特别想到某个地方去玩，或特别想吃某样东西时，在梦中就经常会如愿以偿。这就是俗话所说的"日有所思，夜有所梦"。所以，奥地利著名心理学家西格蒙特·弗洛伊德提出，梦是愿望的达成。

科学家发现，人睡着以后大约有1/4的时间在梦境中度过，但是过多的梦却会使人觉得疲惫。

人为什么必须呼吸

人活着就必须呼吸，吸进氧气，呼出二氧化碳，这是人人皆知的道理。人要呼吸，所有的动物都要呼吸。但是，呼吸是怎样进行的？它的功用有哪些呢？

科学家的研究成果揭示了其维持生命的奥秘，那就是：不吸进氧气，人就没有了生命。人们通过呼吸，吸进空气中人所需要的氧气，这样才能维持生命。

呼吸过程分为两部分：外呼吸和内呼吸。然而，每当我们提到呼吸时脑子里想的往往是外呼吸。当然，外呼吸必不可少，它包括吸气和呼气。吸气是通过嘴巴和鼻子把空气吸入体内，呼气又通过同样的通道把气体排出体外。大约同等量的氧气和二氧化碳的交换在人体的肺部进行。

内呼吸恰恰与外呼吸相反，空气中的氧气在肺部吸收，由流淌在人体血液中的红细胞带到人体各组织中。在组织内，氧气使某些食物分解吸收，变成对人体有用的东西。血液又把代谢产生的废物，诸如二氧化碳和水，从人体各组织中运走，以呼气的方式排出体外。

氧气和二氧化碳气的交换发生在肺部和人体各组织中，所以需要很大的表面积才能完成交换过程。一般来说，成年人肺的内表面积等于36平方英尺。在正常情况下，人体大部分区域处于待命状态，在劳动或激烈运动时所需氧气的量是人处于休息状态时的8~10倍，这时的呼吸便明显加深加快。

人害羞时为什么会脸红

上课回答不出问题，觉得不好意思，可能会满脸通红；有的女生在男生当面夸她漂亮时会觉得害羞，脸也会变红。这是为什么呢？

其实，这是脸上的毛细血管在"作怪"。毛细血管是一种很细很细的、流动着血液的小管子，分布在皮肤表层。人一害羞，就会引发情绪波动，导致心理紧张。毛细血管感受到紧张情绪的刺激后，会在短时间内急剧扩张，这时通过毛细血管的血液迅速增多，于是人的脸就变得红红的了。

不只是害羞的时候会脸红，情绪高涨、兴奋、激动时都可能引起脸红；而情绪紧张、恐惧时，血管收缩，脸色就会变得苍白。

是什么让我们想睡觉

睡觉是常见的一种人类活动。然而睡觉的过程以及是什么引起睡意，至今还没弄清楚。大脑皮层中的松果腺很重要，因为有种叫做褪黑激素的化学物质就在这里产生。这种物质进入血液后能控制睡觉和醒来的循环。

在动物实验中，小鸡被注入褪黑激素后就会睡着。直到最近研究者才发现一种天然的诱发睡眠的化学物质（尽管人类已经生产了几种能够帮助睡眠的药物）。研究者发现，这种物质有清洗大脑和脊髓的作用，当研究者把这种物质注射到老鼠体内时，老鼠就睡着了。这种产生睡意的物质是脂肪酸，它和细胞膜中的一种成分相似。但是，是什么引起脂肪酸的释放还是未知的。

将来，这种物质也许会成为一种天然的安眠药，因为现在使用的安眠药不仅长期服用会上瘾，而且残留物对人体也有副作用。如果人们服用这种和脂肪酸成分接近的天然的安眠药，可能就不会有这些问题了。

为什么春天人容易困倦

中国有句古诗"春眠不觉晓"，意思是春暖花开的季节，人常会感到困倦，一觉睡去，不知不觉天就亮了。春天原本是万物复苏、生机勃发的时节, 人为什么反而会昏昏欲睡呢?

原来, 人体心脏供血量有一个相对稳定的数字。例如一个体重60千克的人, 在安静状态下, 供应脑子的血量约为750毫升/分钟, 供应皮肤的血液数量约为450毫升/分钟。脑部的供血情况是决定人反应能力的主要因素, 如果脑子的血供应量达不到一定的数量, 人就容易昏昏欲睡。漫长的冬天, 人体体表的毛细血管广泛而又持久地收缩, 皮肤的供血量减少, 内脏器官和脑部的供血量增加, 人对外界刺激的反应灵敏, 容易清醒。

到了春天, 天气变得暖和起来, 皮肤里的毛细血管舒张, 更多的血液流进毛细血管里, 内脏和脑部的供血相应减少, 人也就容易困倦。血液供应量的这种变化, 在冬去春来的交替阶段或气温明显变化的时候最为显著。人体一旦适应了这种气温变化, 这种困倦现象就不明显了。

困倦既不是病, 也并非睡眠不足。产生这种现象时, 只要脱掉一件衣服凉快一下, 或用冷水洗一下脸, 或去室外活动一下, 困倦就会消失。

为什么人有脉搏

我们经常可以看到, 在检查身体时总有一项是检查心率。心率就是每分钟心脏跳动的次数, 检查心率时, 医务人员把手放在受测者的手腕上。要想知道为什么能在腕部摸到脉搏, 就一定要先了解人体血液循环的情况。你一定知道血液是在血管里流动的，当人的身体体征正常的时候，血液就会不停地在血管里流动运转，而运转的动力就来源于心脏。人体内的血管都是与心脏相通的，在医学上，把容纳从心脏里流出血液的血管称为动脉。流动在动脉血管里的血液充满了氧气和营养物质，它们大体上是红色的。而容纳流向心脏的血液的血管叫静脉，静脉里的血液含二氧化碳和废物，所以颜色发紫。动脉与静脉由无数的小血管相连，我们称这些小血管为毛细血管。心脏就像一个大水泵，经过它一收一放的运动，一下一下地把血液送到动脉血管，由大动脉到小动脉，流遍全身，再经过无数的毛细血管，流入静脉又回到心脏。但是血管是软的，像胶皮管一样有弹性，经过它的收缩，血液就被挤出，冲击到动脉，所以动脉也相应地胀一下，之所以能在腕部摸到脉搏就是因为在腕部有动脉经过。心脏把一股一股的血不断地向外送，动脉也就一下一下地跳动，人们通过按压腕部的动脉，就可以了解到心脏跳动的情况。

那么，血压的正常值是多少呢？

心脏在收缩时，会对它自身和动脉血管产生一种压力，这就是人们常说的血压。当心室收缩时，血压达到最高值——高压，心室舒张时便降到最低值——低压。血压都用两个数字来表示。人体各段血管中的血压是不同的，我们通常所说的血压都在手臂的肱动脉处测量。成年人的正常血压为：低压：8.0~12.0KPa（60~90毫米汞柱）；高压：12.0~18.6KPa（90~140毫米汞柱）。

为什么血能在人体中流动

血液是像水一样的液体，必须在固定的管道（血管）中流动，血管从心脏开始，由粗到细，由长到短，渐渐变成肉眼看不清的毛细血管。血管分为动脉血管和静脉血管两大类，它们之间的不同之处是，动脉中流动的是"干净"血液，而静脉却只输送"含废物"的血液。当我们的心脏用力压缩时就像一个泵，把心脏内的血液挤压出来，这时候的血液是含有丰富氧气和营养物质的"干净"血，它通过动脉流向密布于体内的毛细血管中，把血液中的氧气和营养物质送给人体中的细胞，供它们呼吸和"吃喝"。

与此同时，细胞把排出的废物和二氧化碳送入到血管中，于是，"干净"血就变成了"含废物"的血，流入到静脉血管中，通过肺、肾和皮肤把废物废气排出体外，使血液重新变得干净再返回心脏。

人是怎么发出声音的

在人的颈部内有一种产生声音的结构，叫做喉。它的内部有一个空腔，我们叫它喉腔，喉腔中部连着两块能够振动发声的肌肉——声带。它们紧密地并列在一起，而且像橡皮筋一样，拉得越紧，反弹的声音越大。在两根声带中间有一条裂缝，叫做声门裂。随着声带的一紧一松，声门裂也忽长忽短、忽大忽小。平时你在呼吸时，声门裂是半开的，这时，两根声带互相分离，处于松弛的状态，于是空气从两块肌肉间较大的空隙中通过，所以，呼吸的声音非常轻。而当你准备发出声音时，总要先吸一口气然后暂时停止呼吸。这时，松弛的声带被喉部的肌肉上下拉紧，相互靠拢，声门裂变得又细又长，只留下一道窄小的缝隙。因为屏气的时候，气流都积在气管里，气管内的压力一时之间大大增加，等到你放掉这口气时，被久压的气流会迅速地冲向声带并试图从这条细缝中穿过，这就像给气球放气一样。空气使得声带发生振动，而且这种振动还会使喉腔里的空气也一起动起来，因而发出了嗓音。嗓音的高低、粗细是由声带的紧张程度、呼出的气体多少决定的。青少年声带比较娇嫩，如果说话时间过久，就会发生充血现象，声音会变得嘶哑。所以，为了使自己有一副美妙的歌喉，一定要注意保护嗓子。

我们是怎么听到声音的

声音是一种由高低不同的空气压力形成的不可见声波，它能被人耳所感知。看似简单的耳朵，其实是一个大家庭。显露在外面、我们通常所说的耳朵叫耳郭（也叫耳廓），它是敞开的一扇大门。声波从耳廓进入耳道后，振动鼓膜。鼓膜是一片紧绷的小皮，声波会使它振动。鼓膜与一个被称做锤骨的小骨头连接，振动波由锤骨再传给另外的两块小骨——砧骨和镫骨，然后进入耳蜗。耳蜗是一种蜗牛壳状的管道，内部充满液体。耳蜗的液体由此产生了波动，并推动从液体里一行行毛发细胞中伸出来的纤毛，这种纤毛通常只有在显微镜下才能看得见。纤毛运动产生神经信号，通过类似于电话线的结构——人体内的神经传递给大脑。这样，我们就听到声音了。

耳鸣是怎么回事

我们通常认为耳朵听到的声音来自周围环境，而不是耳朵自己发出的。但有时即使是在完全安静的房间里，我们仍然能够听到声音，这时声音仿佛是从我们的脑袋里发出的。

这种声音有时像是收音机发出的噪声，有时则是连续不断的尖鸣。

似乎有人在我们的耳朵里放进了一只铃铛，我们把这种现象叫做浑鸣。耳鸣现象通常出现在耳朵接受了大声的刺激之后，比如，有人在你耳边击掌，或者周围有人放爆竹等。观看摇滚音乐会后，或戴着耳机并把音量调到很大，过后都可能会导致耳鸣。这种耳鸣往往经过一夜的睡眠就能消失。事实上，如果长时间待在噪声大的环境中，人的听力会严重受损，甚至会丧失听觉。

那么，在安静环境里听到的声音又是怎么来的呢？我们的耳朵里面有一条通向大脑的通道，叫做耳道。沿着耳道向内，可以看见一层膜，叫做鼓膜，鼓膜将耳朵分为中耳和外耳两部分。声音在空气中传播进入耳道，使鼓膜也随之振动。

在鼓膜后面，有一个小的骨质腔，里面分布着三根可以活动的小骨头，叫做听小骨。三根听小骨分别叫做锤骨、砧骨和镫骨，它们可以将鼓膜传来的振动向内耳传导。再向里，是一段充满液体的管道，长约30毫米，叫做耳蜗。听骨的振动使耳蜗里的液体形成波。像水草一样，液体里的纤毛细胞随着波动的液体摆动。这些纤毛细胞对于人类的听觉至关重要。波浪经过纤毛细胞时，会促使纤毛细胞产生电脉冲，电脉冲沿着听觉神经向大脑传导，大脑再将接收到的这些电信号转变成声音，于是我们便听到了大千世界各种各样的声音。

巨大的声响刺激耳朵或重击头部都会导致纤毛细胞的损伤。受到损伤之后，纤毛细胞可能会发生缠结或者脱落现象，甚至完全丧失通过听觉神经传导电脉冲的功能。

但有时纤毛细胞受损还会表现为另一种现象：它们持续不断地向听觉神经发出电信号，即使是在对周围环境中的声音已经失去敏感性的情况下，这些纤毛细胞永久性地起作用。大脑只要接收到电信号就会把它当做声音信号来处理，这就是耳鸣的原因，也是我们在最安静的屋子里也能听见声音的原因。

除了巨大声响和头部伤害，其他原因也会引发耳鸣。耳硬化症是一种常见的耳科疾病，这种疾病的患者通常有海绵状骨增生，从而导致听骨对正常声音的反应不够灵敏，却会传导大量的耳鸣信号。伤风和感冒会导致内耳肿胀，从而增高血压，高血压促使血管收缩，血液中的胆固醇会阻塞血液的流通，使纤毛细胞营养供应不足，这也会导致耳鸣。

有时，服用阿司匹林后的一两天内也会出现耳鸣症状，像咖啡因和可卡因这样的兴奋剂同样可以让纤毛细胞无中生有地发出信号。此外，如果长期服用滋补剂，其中的奎宁就会在体内慢慢积累，这也会引发耳鸣。

诱发耳鸣的原因多种多样，耳鸣的现象也很普遍，人群中至少有50%的人听到过奇怪的耳鸣声音。为了保护耳朵，除了要远离噪声源以外，我们还要尽量避免以上可能诱发耳鸣的因素。

为什么鼻子能闻出各种气味

人类的鼻子有两大功能：一是用来呼吸；二是作为嗅觉器官。鼻子能闻出各种气味，是因为在鼻腔的内壁有一块大约5平方厘米的黏膜，上面分布着约1000万个嗅觉细胞，它们与大脑有联系。我们知道，气味是由物质的挥发性分子作用形成的。当人吸气时，飘散在空气中的气味分子便钻进鼻腔，与里面的嗅觉细胞相遇。这时，嗅觉细胞会马上兴奋起来，将感受的刺激转化成特定的信息，通过嗅觉神经传入大脑，于是人就闻到了各种气味。对常人来说，嗅觉的作用不可缺少。而有些经过特殊训练的人，鼻子的辨别能力非常惊人。如香水、香精工业中的技师，用鼻子就可以辨别出许多差别细微的香味；品评茶、酒、咖啡等质量的技师，除味觉以外，还要有敏锐的嗅觉，这样才能给饮品评定优劣、分出等级。

为什么舌头能辨别味道

舌头是靠表面的味蕾辨别味道的。味蕾分布在舌头上的乳头状突起内、舌的底面和口腔内咽部、软腭等处，是一种椭圆形的结构，外面有一层盖细胞，里面是细长的味觉细胞，味觉细胞的末端有味毛。支配味蕾的感觉神经末梢细支包围在味觉细胞上，把味觉细胞的兴奋冲动传递到大脑的味觉中枢。味蕾所感受的味觉可分为甜、酸、苦、咸四种。其他味觉，如涩、辣等都是由这四种融合而成的。感受甜味的味蕾在舌尖部位比较多；感受酸味的味蕾在舌的两侧后半部分比较多；感受苦味的味蕾集中在舌头根部；感受咸味的味蕾在舌尖和舌头两侧的前半部分。除了味蕾以外，舌和口腔还有大量的触觉和温度感觉细胞。在中枢神经内，把感觉综合起来，特别是有嗅觉参与，就能产生多种多样的复合感觉。

为什么眼睛能看到东西

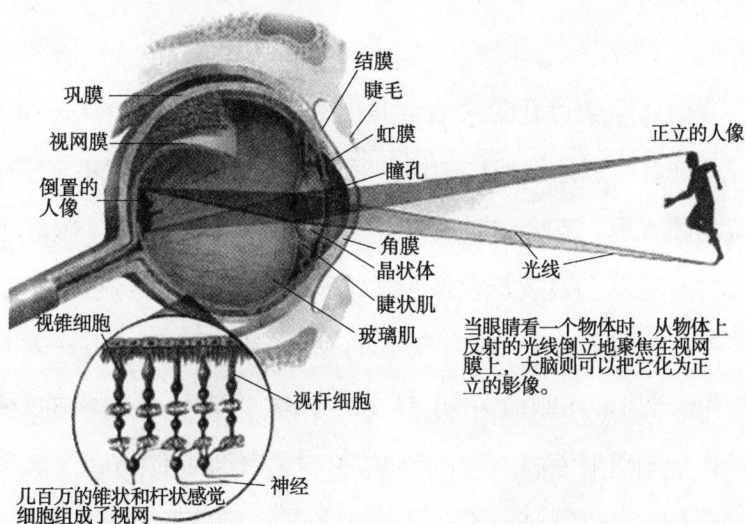

巩膜
视网膜
倒置的人像
视锥细胞
结膜
睫毛
虹膜
瞳孔
角膜
晶状体
睫状肌
玻璃肌
视杆细胞
神经
几百万的锥状和杆状感觉细胞组成了视网
正立的人像
光线

当眼睛看一个物体时，从物体上反射的光线倒立地聚焦在视网膜上，大脑则可以把它化为正立的影像。

在人类眼球的最外面，是一层无色透明的角膜，如同照相机的镜头。由于它经常受到泪水的冲洗，因此总显得水汪汪的，一尘不染。眼球的中央有个小圆孔叫瞳孔，外界的光线通过它进入到眼球底部的视网膜上。照相机在拍摄时，根据光线的明暗，需要随时调整光圈。瞳孔也一样：当光线太强时，瞳孔会慢慢缩小，挡住过多的亮光；当光线太弱时，瞳孔就会自动放大，以便让尽可能多的光线进入。照相机中的胶卷，是最后感光成像的部位，人眼的视网膜也具有类似的功能。视网膜上有无数感光细胞，当它们接收到光的刺激信号后，会将信号转变为神经冲动，通过视神经的传递传到大脑皮层的视觉中心。这样，人就能真实地感受到外界万千事物的形象和色彩了。

我们为什么会眨眼

我们必须通过眨眼来清洁并使双眼潮湿，这其实是一种生理需要。眨眼时，可以让泪液均匀地湿润角膜、结膜，使眼球不至于干燥，保持角膜光泽，清除结膜囊灰尘及细菌。如果不眨眼，眼球上的泪会很快地蒸发，我们就会觉得眼睛干涩不适、刺痛、流泪，不信你试试坚持一分钟不闭眼，你准受不了！因此，眨眼实际上是一种自我保护行为。当风沙入眼时，由于异物的刺激，会产生反射性的眨眼，通过眨眼企图用泪液将入眼的异物冲洗掉。不能眨眼或过于频繁地眨眼，都属于不正常现象。有的人由于面部神经麻痹而不能眨眼，因此眼球干燥、疼痛，是很难受的。有的小孩子因模仿别人的眨眼动作，养成了习惯性的频繁眨眼，这种习惯往往一下子难以改掉，让人看起来十分难受，是很不好的习惯，应当纠正。有的人是因为有慢性结膜炎、沙眼、浅层点状角膜炎等眼病，眼睛不舒服，而频繁眨眼，这时就应该到医院请医生检查、治疗了。眨眼还有一种意义，就是人与人之间的一种沟通和交流。它可以是两个人之间的默契的表现，也可以说是一种暗示。用这种方式代替语言，可以让对方知道自己在想什么、如何来配合。这种方式常出现在搭档、情侣、朋友间，是人与人之间必不可少的交流方式。

为什么说大脑是人体的指挥中心

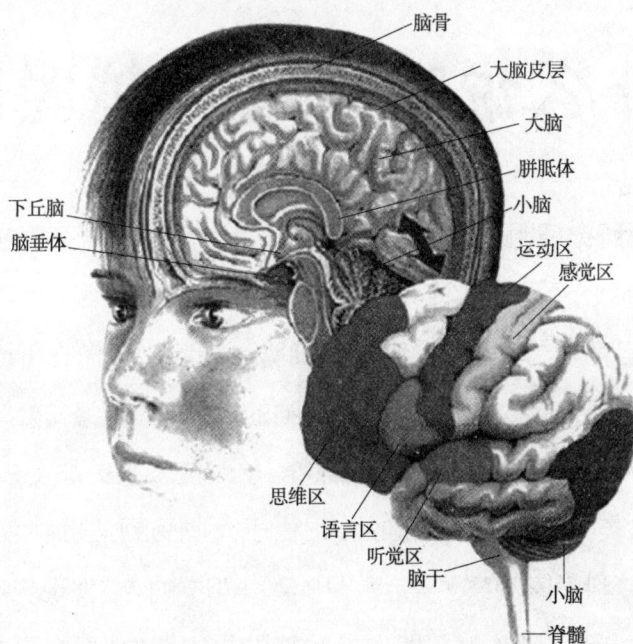

人类的每个组成器官都复杂而精密，它们工作得十分协调、和

谐、有条不紊，这是因为它们都受着神经系统"司令部"——"脑"的统一指挥。大脑位于脑的最上端，形状有点像核桃仁，体积很大，占据了脑的大部分，通常分为左右两部分，每一部分都称为大脑半球。每一大脑半球表面 (大脑皮质) 又分额叶、顶叶、枕叶和颞叶。如，额叶后部为运动区，顶叶前部为躯体感觉区 (分触、压、冷、热等感觉)，颞叶上部为听觉区。每一大脑半球管理身体的对侧部分，即左侧大脑半球管理右侧身体的运动和感觉，右侧大脑半球管理左侧身体的运动和感觉。有人得了"半身不遂"病，若右侧身体瘫痪则是左侧大脑半球神经通道受到损伤；若左侧身体瘫痪，则是右侧大脑半球通道发生了障碍。

为什么说脑子越用越聪明

科学研究证明，人的大脑皮层大约有140亿个神经细胞，神经细胞也叫"神经元"。有人计算过，人经常运用的脑神经细胞只不过10亿多个，还有80%～90%的脑神经细胞没动用。"生命在于运动"，这是生物界的一个普遍规律。勤于用脑的人，脑血管经常处于舒展的状态，脑神经细胞会得到很好的保养，从而使大脑更加发达，避免了大脑的早衰。相反，懒于动脑的人，由于大脑受到信息刺激少，容易引起早衰。科学家观察了一定数量的20～70岁的人，发现长期从事脑力劳动的人到了60岁时仍能保持敏捷的思维能力；而在那些终日无所事事、得过且过的懒人当中，大脑早衰者的比例大大高于前者。

男人与女人的身体有什么差别

青春发育期以后，男、女之间的差别很明显。男人的皮肤比较粗糙，女人的皮肤光滑、细腻。男人的肌肉比女人发达，骨骼比女人坚实。女人的脂肪比较多。男人心脏跳动慢，女人心脏跳动快。男人平均每千克体重、红细胞数量、带有氧气的血液数量比女人多。男人的肺活量几乎比女人的高出一半。男人右脑半球比较发达，女人左脑半球比较发达。男女之间的最大差别是有着不同的生殖器官。男子的生殖器包括阴茎、阴囊、睾丸和输精管等，生殖腺——睾丸是在体外的，这是产生精子和男性激素的器官。女子的生殖器包括外阴、阴道、子宫、输卵管和卵巢，子宫埋在小肚子里，是胎儿的"摇篮"，生殖腺——卵巢就在子宫左右两边，它的作用是产生卵子和分泌女性激素。

女孩为什么会来月经

女孩子到了青春发育期后，每28~30天中，就有3~5天阴道流血，血量约50毫升，月月如此，很有规律，这就是月经。简单讲，月经就是子宫内膜在性激素操纵下所进行的一场"耕耘"。在每月卵巢生产出卵子的前些日子，卵巢会生产更多雌激素，促使子宫内膜增厚、血管增多和腺体分泌增加，宛如土壤松土与施肥。若有受精卵光临并在这块肥沃的"土壤"里生长，这就是怀孕。于是，子宫内膜不需要再"耕耘"，月经也就停止了。相反，如果没有怀孕，子宫内膜便发生细胞脱落、血管萎缩情况，变成经血流出。但事隔不久，子宫又得为下一月的卵子诞生做准备。

人的肚脐是怎么来的

我们每个人都有肚脐，它圆圆的，长在小腹上部，看上去似乎没什么用处。那么，人的肚脐是怎么来的呢？

原来，人在胎儿时期，在母亲体内生长发育的营养物质是通过脐带获得的。脐带是一条像筷子一样粗的带子，是母亲和胎儿之间唯一的联系通道。脐带内有两条脐动脉和一条脐静脉。脐动脉将母亲血液里的营养输送给胎儿，而胎儿排出的代谢废物则通过脐静脉送回给母亲，再由母亲排出体外，因而胎儿才能长大。

胎儿在母亲体内不断生长发育，到了10个月，胎儿就长大了。这时候，母亲就将胎儿生出来。刚出生的婴儿与母亲还由脐带连着。由于胎儿出生后，已经能自己呼吸，由心脏跳动来供给血液了，于是，脐带就失去了作用。因而医生就将婴儿的脐带结扎起来并剪断。剪断后的脐带逐渐萎缩，关闭通道，以后就形成了我们肚子上的肚脐。

人体是怎么消化食物的

食物首先得在口腔里被咀嚼成细小的颗粒，吞咽后食物颗粒经食管进入胃，胃像个袋子，里面很宽敞。人吃进食物以后，胃就不停地蠕动，并分泌胃液帮助混合搅拌这些细小的食物颗粒，以便消化吸收。

接下来食物被送到小肠。小肠很长，在腹部盘成一团。食物进入到小肠，就像在一条弯弯曲曲的传送带上。凡是传送带经过的地方，都可以吸收食物中的营养成分。营养混在血液里，然后被输送到全身的各个部位。食物在传送带上被小肠绒毛吸收了营养成分之后，剩下的是一些对身体没用的残渣。这些残渣被送到大肠。大肠会吸收残渣里的水分。最后这些残渣通过肛门排出体外，这就是粪便。就这样，食物完成了它在人体内的旅程。

为什么胃不会消化自己

胃能够分泌胃酸和胃蛋白酶，消化肉类食物中的蛋白质，把它变成人体的营养物质。而胃本身也是由蛋白质组成的，那为什么胃本身不被消化呢？科学家们发现：胃还能分泌一种黏稠的、胶冻状的黏液物质，覆盖在胃的内表面，防止胃酸和胃蛋白酶的腐蚀。此外，胃内表面黏膜的上皮细胞是一层紧密排列的特殊结构，从而形成了一道生理屏障。这种屏障可以阻止胃酸侵入。只要黏液膜和胃黏膜生理屏障这两道"防线"健全，就能抵御胃自身的分解。

肚子饿了为什么会"叫"

当食物在胃中消化将近完毕时，胃液仍旧继续分泌，由于胃里空了，胃的收缩就逐渐加强。空胃猛烈收缩的冲动通过神经传至大脑，就引起饥饿感觉，我们称这种猛烈的胃收缩运动为饥饿收缩。当胃进行饥饿收缩时，胃内的液体和吞咽下去的气体在胃内不得安宁，一会儿被挤到东，一会儿又被挤到西，结果就会发出"咕咕"的声音。饥饿收缩是周期性的，在饥饿时胃的强烈收缩只不过延续半小时左右，随后就进入平静期；再这么延续半小时到1小时，随着胃收缩的停止，饥饿的感觉也就消失了。所以，等到饿过头儿以后，却反而吃不下东西了。

为什么吃东西要细嚼慢咽

人吃东西是为了从食物里摄取养料、维持生命。当食物入口之后，先被牙齿咀嚼磨碎，然后进入到胃部，变为半流质的糊状物，最后到小肠中被吸收。当整个消化系统都处于正常工作状态时，人就能够从食物中吸收到足够的营养，显得精神饱满、气血旺盛。如果吃东西狼吞虎咽，没有经过仔细咀嚼的食物一到胃里，就加重了胃的负担。胃既然不能很好地消化食物，就会影响肠的消化和吸收。细嚼的同时还需慢咽，慢咽的最大好处是使胃的容纳量逐渐增加，而不是一下子就把它撑大了。这样胃部就会有一种舒适的感觉，不致因为食物的剧烈冲击而感到不适。

为什么不要边看书报边吃饭

食物的色香味、肠胃消化道的饥饿收缩、定时吃饭的习惯，都是引起食欲的因素，都可形成条件反射，促进胃肠道内消化液的分泌，唤起想要进食的感觉。但大脑主宰着一切，也控制消化腺的分泌并决定食欲。当大脑完全被过激的情绪控制时，消化腺的分泌就会马上遭到抑制，食欲也就会立刻消失。一边吃饭，一边读书看报，会使大脑的工作"分心"而影响消化，长期这样就会食欲不振，并逐渐发展为慢性消化不良。另外，吃饭时也不宜吵嘴生气，更不宜热烈争辩，因为一切扰乱大脑的过激情绪，都会兴奋交感神经系统、抑制肠胃蠕动、减少消化液的分泌。

剧烈运动时为什么心脏会剧烈跳动

一般人的心脏都能根据机体的需要而改变血液的输出量，需要量大时，血液在全身循环的速度就大大加快。心脏是依靠什么力量使输出量增加的呢？主要采取两种办法：一为加快心脏跳动；二为增强心脏的收缩力。当进行跑步、登山等剧烈运动时，身体肌肉需要的养料和氧气比平时增多，因此心脏输出的血量也必须相应增加。这时由于交感神经兴奋、心率加快、收缩力量增强，所以会感到心跳得又快又重，十分剧烈。跑步似乎加重了心脏的负担，其实对心脏是很有好处的。心脏只有增加一定的负荷才能增进健康，因为心脏加倍工作的同时，供应心脏本身需要的冠状动脉的血流量大大增加，心肌本身也得到更多的养料和氧气的供应，心肌就在这种"多劳多得"中不断增强。

为什么碰伤的皮肤处会有乌青块

碰伤的皮肤出现乌青块，是皮肤血管破裂引起皮下溢血的结果。皮肤里的小血管非常多，这些小血管的特点是管腔细小而管壁薄，是经不起外界压力的。如果跌跤时只是臀部着地，一般不会发生乌青块，因为臀部皮下脂肪多，缓冲作用大。如果小腿前面或者手臂外侧等皮下脂肪少、骨头与皮肤紧贴的地方受到碰击的话，就会出现乌青块。因为皮肤受到外力的突然袭击，它后面又是硬邦邦的骨头，缺少厚软的皮下脂肪作缓冲，皮下组织内的小血管就会破裂，血就会从小血管中流出来。这些血液因为受到皮肤的阻挡而无法流到体外，只能聚集在破裂血管的周围。虽然它们刚流出时是鲜红色的，但外面有一层皮肤遮盖，再加上血液中的血红素在体内发生变化，所以看上去便成为青黑色的了。这就是碰伤的皮肤出现乌青块的原因。

血管布满全身，包括动脉、静脉和毛细血管。静脉是把血液送回心脏的通道，动脉是把心脏中压出来的血液输送到全身各部分的通道，这些血管都是单行线，血液只能按正确的方向流动，不能倒流。毛细血管则是人体进行气体和物质交换的地方。全身大大小小的血管连起来有15万千米长，约能绕地球4圈。

人类的皮肤为什么会有不同的颜色

人类皮肤颜色的不同是非常明显的，社会学家或人类学家常根据人的肤色不同来界定不同的人种，例如，黄种人、白种人、黑种人等。但是，近年来一些新的科学研究发现使人类对自身的皮肤颜色的进化有了新的认识，从而对根据人的肤色来界定不同的人种的观点提出了挑战。现在的观点是全球人类肤色的不同是自然选择的结果，其作用是调节紫外线辐射对人体重要营养物质的影响，以保证人类的繁衍。

皮肤的颜色，主要是由皮肤内黑色素的多少决定的。人的皮肤所含有的黑色素多少不一，也就形成了不同肤色的人种。黑色素是一种黑色或棕色的颗粒，能阻挡阳光中对人体有害的紫外线。人类皮肤的颜色，是进化过程中适应自然环境的结果。阳光中的紫外线能帮助人体合成维生素D，增强人体对疾病的抵抗力。紫外线过多或过少对人体都是不利的，而黑色素如同遮光的"伞"，起到阻挡紫外线的作用。

发烧时为什么要多喝水

对于人体来说，水是最最重要的物质，和人的生命休戚相关。发高烧的时候，体内大量水分从呼吸道和皮肤中渗出而蒸发掉，所以，发烧的时候必须多喝水以补充水分，否则就会发生脱水现象而病上加病。除此之外，水有调节体温的功能，多喝水就能通过汗水的蒸发或小便的排泄散热而降低体温。另外，有的病是由细菌侵入造成的，多喝水，水被胃肠吸收后进入血液，能把血液里细菌所产生的毒素冲淡，并随尿一起排出。由于发高烧的时候，体内新陈代谢多半发生紊乱，并有危害人体的物质在血里出现，同一道理，水喝得多，就能把这些有害物质稀释、带走，减少它们对人体的不良影响。

　　另外，即使不发烧多喝水也有利于身体健康。特别是早晨喝水对健康的益处更大。清晨饮用两杯凉开水是非常有益的。它具有润喉、醒脑、防止口臭和便秘等作用。早晨空腹饮下凉开水后，由于水在胃中停留时间很短，便可迅速进入肠道，被肠黏膜吸收而进入血液循环，将血液稀释，从而对体内各器官组织产生一种绝妙的"内洗涤"作用，因而增强了肝脏的解毒能力和肾脏的排泄能力，促进了人体新陈代谢，增强了免疫功能。有些医学家证明：经常饮用25~30℃的凉开水，可防治感冒、咽喉炎和某些皮肤病。

智力发育为什么一定要营养合理

　　大脑和智力的发育都需要有充足的营养做保证。人脑组织的发育必须有充分的蛋白质、核酸以及某些辅助营养素。缺少这些物质，脑细胞的数量就会减少，智力发育就会受到限制，甚至成为低能。蛋白质对智力的影响是深远的，若几代人都不足，后代的智力还会降低。一代人的蛋白质不足，往往要通过1~3代才能恢复。

　　糖类能够刺激脑的活动，是脑活动的能源，是脑细胞代谢的基础。脂质是构成人体细胞的"结构脂肪"，脂质不足可引起人脑的退化。微量元素也不可缺少。据调查，成绩优良的学生头发中的锌和铜含量较高。b族维生素可以维护智力、促进智能活动，对神经系统至关重要。因此，对它们也不可忽视。烟酸与智力关系极大，缺少烟酸会影响智力发育，反应也会因此而迟钝。核糖核酸对智力的发育也极为重要，它可影响某些神经激素的分泌，使人的记忆力、理解力增强。

而核糖核酸需由食物中各种营养素来合成。如果营养不合理，势必影响核糖核酸的合成，进而影响智力的发育。

为什么要提倡平衡膳食

所谓平衡膳食，就是所吃食物种类要齐全、数量要充足，以达到营养平衡。具体地说，平衡膳食要求每天的膳食必须有粗细粮搭配的主食，鱼、肉、蛋、奶、豆类，绿色或黄红色蔬菜和新鲜水果类，烹调用油及其它调味品等几大类食物。因为人的生命活动、新陈代谢，需要种类繁多的营养素，如组织修复需蛋白质，制造红细胞需蛋白质、铁、铜等物质。而不同的食物含有不同的营养素，单单依靠任何一种食物，所含有的营养成分都是无法满足人体需要的。例如，鸡蛋虽然含有丰富的蛋白质，但不含维生素c；蔬菜含维生素和矿物质较多，但提供的热量太少；牛奶含蛋白质、铝较多，但含铁不足。所以各类食物都要吃，而且比例要适当，真正做到平衡膳食，增进健康。

为什么青少年要预防肥胖

肥胖不仅影响体形，还容易引发糖尿病、高血压、冠心病、高血脂症、胆石症和中风等多种疾病。肥胖者过剩的脂肪在体内有两种储存方式：一是脂肪细胞数量增加；二是脂肪细胞所含脂肪量增加，即细胞体积增大。肥胖青少年多为脂肪细胞数量的增多，这是一种很难减肥的肥胖。因为，一般的减肥措施只能使脂肪细胞变小，但不能使脂肪细胞减少。而且，青少年时期肥胖容易发展成为成年肥胖。所以，从青少年起预防肥胖就显得格外重要。预防青少年肥胖，应从刚出生时和儿童期就开始。婴儿诞生之后应坚持母乳喂养，4~5个月前不喂半固体或固体淀粉类食物。儿童膳食要遵循少糖、少油、保证蛋白质和多食新鲜蔬菜及水果的原则，尤其要少吃甜饮料和甜点心，同时多参加户外活动和体育锻炼。这样，青少年肥胖的几率就会大大降低。

为什么我们有时候会睡不着

　　每晚，地球上都有上亿人在自己的床上辗转反侧、无法入睡，这种症状叫做失眠。对有些人来说，偶尔一两个晚上睡不着并无大碍，但对有些长期失眠的人来说，漫漫长夜就变成了煎熬。

　　导致失眠的原因多种多样，但其中最常见的是心理压力：可能因为临近考试，你担心复习不够充分；可能你在白天刚跟朋友吵过架；也有可能因为你的生活太忙碌，比如放学之后参加了体育训练，然后又赶去上音乐课，没有时间充分休息。一整天繁忙的工作、学习让你筋疲力尽，可偏偏这时又怎么也睡不着，那是因为你太"紧张"了。

　　忧郁症也可以引起失眠。忧郁不同于正常的心情沮丧，忧郁症患者通常会长期地感到悲伤绝望。他们每天很早就会醒来，之后就无法再入睡。

还有许多其他原因也会导致失眠。比如，你某天从学校或工作单位回来后感到特别疲惫，就打了个盹，当夜晚来临时，你却发现自己无法像往常那样准时入睡。另一个可能的原因就是剧烈运动，如果把锻炼身体的时间安排在早上或下午，你可能会比平常睡得香。然而，剧烈运动会使身体产生大量肾上腺素和其他的兴奋激素，所以如果在睡前做了体育运动，比如慢跑或打篮球，你就会觉得头脑清醒、精力充沛，以至于在床上翻来覆去几个小时也无法入睡。

有些食物和饮料也会让我们难以入睡，如咖啡、茶和一些软饮料（最常见的是可乐）中都含有某种兴奋剂，叫做咖啡因，晚饭后喝这些饮料会延迟困倦出现的时间。最奇怪的是，酒精也会让人夜不能寐。酒精有催眠的作用，它会让人昏昏欲睡，但当你真正想要睡觉时，却反而睡不踏实，醒来后会感觉头昏眼花、四肢无力。时差也会打乱你的作息规律。离开一个时区进入另一个时区，比如说从中国到英国，你身体里的固有节奏被打乱了，也会影响睡眠。为了适应当地的作息时间，你通常需要几天的时间来调整时差。还有些时候，失眠是由睡前的某些活动引起的，比如，看了惊险刺激的电影或电视节目，或者晚餐吃得太饱等等。为了晚上能睡一个好觉，千万不要在白天过于劳累，而要留出适当的放松时间，也不要过于焦虑；即使晚上睡不好，也不要在白天打盹；睡前不要喝含咖啡因的饮料，也不要做过于剧烈的运动。

如果睡前饿了，可以少吃点清淡的食物。如果在床上躺了几个小时还是睡不着，不如到隔壁房间看看书。当你感到真正困倦的时候，再到床上去。

如果怀疑自己得了忧郁症，那就要及时将自己的情况告诉家长、医生, 他们会想办法帮你好起来的。只要摆脱了忧郁的阴影, 睡眠质量一定能迅速提高。

艾滋病为什么难治愈

艾滋病之所以猖狂于全球, 就在于艾滋病病毒HIV侵入人体后直接侵犯人体免疫系统, 攻击和杀伤的是人体免疫系统中最重要、最具有进攻性的T4淋巴细胞, 使机体一开始就处于丧失防御能力的地位。艾滋病病毒一旦进入人体, 就寄生于T4淋巴细胞内最核心的部位, 并与细胞核的遗传物质DNA整合为一体, 人体没有能力使其分开, 更没有力量杀灭它, 艾滋病就成为一种"病入基因"的痼疾。

艾滋病病毒随免疫细胞DNA复制而复制。病毒的繁殖和复制使免疫细胞遭到破坏和毁灭, 并放出更多的病毒。新增殖的病毒再感染更多的细胞。就这样, 病毒一代代地复制、繁殖, 免疫细胞不断死亡。

艾滋病病毒是一种不同于一般病毒的逆转录病毒, 具有极强的迅速变异能力, 而人体产生相应的抗体总落后于病毒的变异, 因而无法阻止艾滋病病毒的繁殖和扩散, 更何况人体免疫系统产生的抗艾滋病病毒抗体是毫无作战能力的非保护性抗体。艾滋病病毒的迅速变异能力也给目前特效药和疫苗研制工作造成了极大困难。

艾滋病病毒对外界环境的抵抗力弱, 离开人体后, 常温下在血液或分泌物内只能生存数小时至数天, 在自然条件下则不能存活。高温、干燥以及常用消毒药品都可以杀灭这种病毒。

人体奥秘知多少

人吃饭时，食物从口进入胃内要花4至8秒钟，可在胃内停留却长达4小时。

40岁以后的人，每天约有1000个神经细胞死亡。

在视网膜里获得清晰的图像，需要十分之一秒的曝光。

分布在舌面的味蕾细胞，平均寿命10天半。

指纹在新生儿诞生前6~8周形成。

人脑约有140亿个神经细胞，每个神经细胞又同1万个细胞联系，最快的传递速度为每秒1万厘米。

人的头发有10万根，每天要长0.35毫米；一个健康人24小时内要掉30~40根头发，如不再生10年后就可成为光头。

人体皮肤约有500万个毛囊、200多万个汗腺。皮脂腺一昼夜可分泌20~40克皮脂。

一个成人体内共有1000多万亿个细胞。最大的是卵细胞，直径约200微米。

人的心脏跟自己的拳头大小差不多，如以每分钟跳动75次计算，一昼夜就要跳动108000次；心脏每收缩一次，排到血管里的血液就达70毫升，每分钟累计5250毫升，重约5.25千克。

人体肺的重量不一样，男子的重1000~1300克，女子的重800~1000克，由7.5亿个肺细胞组成。如将全部肺泡平放在地上，约有70~100平方米大。

人的消化道总长约600厘米，相当于身长的4倍。其中胃长20~25厘米，小肠长400~500厘米。

一个人每天分泌消化液8升之多，其中胃液就多达1500~2500毫升。

人体分布着大大小小的血管，如果将它们连接起来有10万千米长，约是赤道长度的2.5倍。人的肝脏约占体重的四十分之一，由25亿个肝细胞组成，能容纳5~6升血液。

人的双侧肾脏，由100万个肾单位组成。每分钟流经肾脏的血液约1200毫升，每4分钟流经的血液量相当于全身血液的总量。成人每昼夜排出尿量约1500~1800毫升。

气味是从哪里来的

"香飘万里"，"臭气熏天"……各种气味是我们这个大千世界不可缺少的组成部分。

植物里含有种类繁多的香气物质——芳香油。它们容易挥发，在空气中飘荡，给人以"暗香浮动"之感。化学家们利用蒸馏等技术提炼出芳香油来，进而鉴定其化学成分，并在化学实验室里人工合成香气。因此，人们仿照天然香气物质制造了"水果香精"、"花卉香精"。比如，乙酸戊酯——梨香精，丁酸戊酯——菠萝香精，异戊酸异戊酯——香蕉香精，都是由相应的酸和醇反应而成的。国际上的高级香水，除采用花卉香精油为原料外，还广泛以合成香精配制。

在评价酒的优劣和类别时，它们所含的微量香气物质有"一锤定音"的作用。从化学眼光看，汾酒一类的清香在于有合适比例的乙酸乙酯和乳酸乙酯；泸州特曲的浓香是因为乙酸乙酯占优势；茅台酒等则都有自己的特殊香型。烹调时，醋、酒并用产生的香味，是它们在热锅里发生酯化反应、生成微量乙酸乙酯的结果。陈年佳酿，越陈越香，这也是少量酒被氧化、进一步反应得到乙酸乙酯的缘故。

食品里的气味物质含量极微，但几乎各种食品，不管是烤肉、熏鱼还是发酵食品，它们的气味物质都含有同样种类的低级醛和醇——氨基酸和糖类分解的产物，只是比例不同罢了。

气味物质有百余种成分，组成了千差万别的气味，一点细微的差别就会导致风味迥异。因此，化学家配制各种食用香精，模拟熏鱼、炖肉或烧鸡风味，将微生物蛋白、藻类蛋白或树叶蛋白制成色香味俱佳的"人造食品"，甚至成为宇航员的高级食品。人造奶油以它芬芳馥郁的香气赢得人们钟爱，正在取代天然奶油。即使日常的饮料、糖果、糕点、卷烟，也少不了化学香精。

臭，和香同样不可缺少。入冬，煤气中毒的病人会多起来。"煤气"，这里指的是一氧化碳，它无色无味无臭，往往在人们不知不觉中致人死地。生活中燃用的液化石油气或压缩天然气，人们也称为"煤气"，其实这是丙烷、丁烷或甲烷，它们都没有臭味，最多有淡淡的汽油味。管道或钢瓶里各种"煤气"的泄漏，会引起爆炸和火灾，极其危险。生产单位为安全考虑，故意在无色无味无臭的气体燃料里掺入极微量的臭味物质"乙硫醇"（它是黄鼬屁里的主要成分，奇臭难闻），人的嗅觉对它非常敏感，不到两微微克即可被察觉。

臭气往往同腐烂、污秽联系在一起。鱼、肉腐败发出的腥肉味主要来源于腐碱（正丁二胺）和尸碱（正戊二胺），臭味是在警告你：食品变质，不得食用！可是，臭豆腐、松花蛋里微量的硫化氢臭味却会令你"闻起来臭，吃起来香"。

粪便的臭气是"吲哚"造成的，而吲哚极稀薄时却有股清香味。合成的吲哚也是香料中一种重要的成分。

气味物质的浓淡，会造成香、臭的转换。过浓的香气物质刺激嗅觉，反而令人生厌。

对于气味物质结构和嗅觉之间的关系，从古罗马时代起，就引起人们莫大兴趣。但是直到1949年，苏格兰科学家蒙克里夫提出了气味立体化学理论后，才比较成功地解释了这个问题。蒙克里夫认为，鼻子里有好几种管体，如同嗅神经的"门锁"一般，一种气味的"钥匙"开一把"锁"，打通一种嗅觉的神经通道就能感受到一种气味。科学家们搜集了各种各样的气味物质，发现气味尽管千差万别，却只有七种基本类型：樟脑的，麝香的，花卉的，薄荷的，似醚的，辛辣的，腐烂的，由这七种气味组合成各种气味。蒙克里夫发现，不管化合物是什么成分，只要它的分子具有球形结构，气味就和樟脑一样，而接受樟脑刺激的鼻膜受体是碗形的，球碗匹配，于是产生了樟脑气味的神经冲动。这七种基本气味的受体形状已经搞清楚：麝香的为圆盘形；花卉的为带把圆盘形；薄荷的为楔形；似醚的为杆状；樟脑的为碗形；而辛辣、腐烂的气味则与形状无关，它们分别带正、负电荷，相应的受体亦带负、正电荷。

绚丽的烟花是怎么回事

一道道火光划破夜幕，一团团火焰冲向夜空，五光十色的烟花在空中飞旋，千姿百态的礼花在夜幕里开放，满天的火花把节日的夜空装点得格外壮丽。奇异的焰火给节日增添了迷人的色彩，绚丽的礼花给欢度节日的人们带来了欢乐。

节日的烟花为什么这样绚丽多彩？空中开放的礼花为什么这样变幻无穷？这是化学药品的奇迹。

在燃放烟火、礼花所用的火药中加入含有不同金属离子的化合物就能使烟火、礼花呈现不同的颜色。如果在火药里加入硝酸锶、氯化锂、硫酸钙等物质，烟火、礼花就会呈现出鲜艳的红色；如果加入氯化钠、碳酸钠、硼砂等物质，烟火、礼花的颜色就呈现亮黄色；如果加入氯化钡、硫酸铜等物质，则会放出绿色的光芒；氯化钾、碳酸钾等能使烟火、礼花变为紫色；镁粉、铝粉、铁粉燃烧时就会发出耀眼的白光。若在火药里同时加入上述几种化学药品，放出的烟火、礼花就会绚丽多彩；若把能发出各色光的物质以不同的配比加入火药中，烟火、礼花就会变幻无穷。

那么，金属离子为什么能使烟火、礼花放出瑰丽的色彩呢？原因是金属离子受热后，它的外层电子获得了很高的能量而被激发，产生能级跃迁，也就是金属离子的外层电子从能量较低的外层电子轨道被激发到能量较高的更外层电子轨道上。离子处于激发状态时，电子的能量很高，这种状态很不稳定，电子还要跳回到能量较低的电子轨道。在电子从能量较高的轨道跳回到能量较低的轨道的过程中，这两个能级之间的能量差便以光的形式释放出来。光的颜色取决于它的波长，波长则是由能量决定的。在金属离子的电子轨道中，能级之差正处于可见光的能量范围内，又因各种金属离子的电子轨道的能级差有一定的差异，所以不同的金属离子在受热时放出不同波长的光，即各种颜色的光。

金属离子在高温时发出不同颜色的光的现象，在化学上称为焰色反应。最早进行焰色反应研究的是德国化学家本生。

1858年，本生在一次实验中，用白金——铂镊子夹了一颗食盐晶体，放在"本生灯"（本生发明的火焰没有颜色的煤气灯）的灯苗上灼烧，本来无色的火焰变成了亮黄色的火焰。火焰颜色的变化，引起了本生极大的兴趣，于是他就把各种化合物一一放在灯苗上灼烧，发现凡含有钠的化合物都能使火焰呈亮黄色。改用白金丝蘸一点钠溶液，在灯上灼烧，也能得到同样的结果。于是本生总结出火焰变色是钠离子起的作用，他把亮黄色火焰称为钠离子的特征焰。后来经过大量的实验和进一步研究发现，任何金属离子都能使火焰变色，每一种金属离子都有其特征焰，如钾离子的特征焰为紫色，锶离子为猩红色，钙离子为砖红色，钡离子为绿色。

一些金属离子的特征焰被公认后，应用各金属离子的特征焰进行化学分析和样品检验很快就成为一种受欢迎的检测手段。

但是，由于有些金属离子的特征焰的颜色非常相近，如钙、锶、锂等离子的特征焰都是红色，钡、铜等离子的特征焰都是绿色，很难用肉眼分辨，特别是在有几种金属离子同时存在时，有些颜色被另一些颜色掩盖了，很难一一分辨出来，因此焰色反应的应用受到了限制。

为了解决这一问题，本生同物理学家基尔霍夫合作，根据三棱镜能把太阳光分解成光谱的原理，制造了专门用来观察金属离子焰色反应用的分光镜，透过分光镜看到的金属离子的火焰是一套颜色独特的光谱。他们对各种元素的光谱进行了深入细致的研究分析，结果奇迹般地发现：每一种元素都有自己特定波长的谱线，并且有一两条非常容易辨认。他们把它称为该元素的特征谱线。

光谱分析不仅简单易行，而且准确灵敏，仅有百万分之一含量的元素也逃不出它的"眼睛"。光谱分析的优越性还在于所检验的样品不需要分离、纯化，因此深受化学家的厚爱。

现代光谱仪的出现和不断革新为光谱的应用展现了更为广阔的前景，光谱分析已成为化学家的重要分析手段，并且也受到了天文学家和物理学家的青睐。

金属离子的特征焰除了以光谱的形式为尖端科学服务外，它已深入到人类的生产、生活、学习等各个方面，如能制成烟火、礼花供人们观赏；还可制成信号弹供交通、航海和军事之用；在化学实验室里，可以根据焰色反应鉴别化学药品；在矿物化验室里，可以灼烧采集来的矿物，初步断定矿石里蕴藏着什么金属；在炼钢炉前，观察钢花的颜色能够了解钢水的成分是否已达到要求的程度。

小朋友，你在节日的夜晚观察烟火、礼花时，想到过它在科学上的贡献吗？

什么是重水和超重水

水是由两个氢原子和一个氧原子构成的。而氢元素有好几种同位素，各种不同的氢的同位素同氧结成不同的水。常见的氢，又叫氕（piē），它与氧结合成普通的水；重氢，又叫氘（dāo），它与氧结合成重水；超重氢，又叫氚（chuān），它与氧结合成超重水。普通水、重水和超重水从表面看是很难分清的，如果把它们放在精密的仪器上称一下，就可以发现它们的重量还真不一样呢。在20摄氏度时，1升的普通水重0.99千克；重水重1.10千克；超重水重1.21千克。自然界里，普通水是很多的，重水和超重水却很少。在5000份普通水中只有一份重水，在1000000000份普通水中只有一份超重水。从普通水中提取重水和超重水是很不容易的，比如，生产1千克重水就要用60000度电；生产1千克超重水，需要将近10吨原子燃料。但是，世界上每年还要生产大约几百吨重水，因为它是使原子反应堆进行工作和制造氢弹不可缺少的原料。

开水壶用久了为什么会生水垢

　　天然水中，如海水、井水、泉水等，都含有矿物质，如碳酸氢钙、碳酸氢镁、硫酸钙、硫酸镁等，含有这类物质的水叫做硬水，不含这类物质的水叫做软水。

　　家庭中烧开水的水壶用久了，在壶的内壁和底上会留下一层沉淀物，叫"水垢"。水垢是由一些盐类组成的。我们用自来水等硬水烧开水时，溶解在水中的硫酸钙就沉淀下来；当水沸腾时，水里的碳酸氢钙和碳酸氢镁就相应地分解而生成极难溶解的碳酸钙和碳酸镁沉淀在壶的内壁和底上，结成水垢。开水壶生了水垢，就不容易传热了，烧水要浪费很多热力。在工厂里，如果锅炉生了水垢，问题就更大了，因为这些水垢传热不均匀，往往会引起锅炉爆炸。

　　因此，人们就设法把硬水"软化"，变成不含钙镁盐类的软水。最普通的办法就是把水煮一下，使碳酸氢钙和碳酸氢镁变成碳酸钙和碳酸镁而沉淀掉。往水里加适量的碳酸钠（苏打），也能除去这些杂质。因为碳酸钠能与硬水中的钙盐、镁盐作用，生成碳酸钙、碳酸镁沉淀下来。也有的工厂用硅铝酸钠作软化剂，这种软化剂经处理后可以反复使用，成本低廉。近年来，人们采用新方法软化水，即通过离子交换树脂，除去硬水中的钙、镁离子，使其变成软水。

热水瓶为什么能保温

热的传递方式有三种：热的辐射、热的对流、热的传导。

人在太阳光的照射下，会感到身上热乎乎的，这是因为太阳的热射到了我们身上，这叫热的辐射。

防止热辐射的最好办法是把它挡回去，反射热最好的材料是镜子。

倒一杯热水放在桌子上，杯子里的水和周围的空气温度就会趋于均匀，这里既有热的传导，又有热的对流。

如果在杯子上加个盖，就把对流的通路挡住了。可是这杯热水依然会变凉，只是时间稍长些。这是因为杯子有传热的性质，热通过杯壁和盖子传导出去了。

热水瓶胆用双层玻璃做成，两层玻璃都镀上了银，好像镜子一样，能把热射线反射回去，这就断绝了热辐射的通路。把热水瓶的两层玻璃之间抽成真空，就破坏了对流传热的条件。热水瓶盖选用不容易传热的软木塞，隔断了传导传热的通路，完美地把传热的三条通路都挡住了，热就可长久地保留下来了。但热水瓶的隔热并不那么理想，仍然有一部分热能够跑出来，因此热水瓶的保温时间有一定限度。

热水瓶的功能是保持瓶内热水的温度，断绝瓶内与瓶外的热交换，使瓶内的"热"出不去，瓶外的"冷"进不来。如果在热水瓶里放上冰棍儿，外面的"热"同样不容易跑到瓶子里，冰棍也不容易化。所以把热水瓶叫做保温瓶是最科学的，因为它既能保"热"，也能保"冷"。

潜水艇为什么能上浮和下沉

普通的船舰，只能在水面上航行。可是潜水艇却能像鱼一样，既可以在水面上航行，也能够沉到海洋深处，在水里潜伏前进。

潜水艇为什么能够下沉和上浮呢？

潜水艇沉浮的道理和鱼相似。鱼在水中能沉能浮，是因为鱼腹中有两个气泡样的东西，叫做"鱼鳔"。鱼儿一会儿游到水面，一会儿潜入水里，鱼鳔也一起膨胀或收缩。鱼就是靠鳔内充气多少来控制在水中的沉浮的。

我们都有这样的经验：当一只汽艇充满气体时，就能漂浮到水面；一旦气体排空，汽艇就会像秤砣一样，直沉水底。同样道理，当鱼鳔里的气体被挤出来，鱼体略略地缩小，水对鱼的浮力减小了，鱼就能沉入水的深处了。

潜水艇两侧备有可以充水的大水箱，大水箱用钢铁制成，可以人工放水、吸水。当潜水艇需要下沉的时候，人们就打开进水阀门，让海水灌满水箱，这时潜水艇的重量大于它所受到的浮力，就会沉下去。当潜水艇需要上浮的时候，只要用机器把大量的压缩空气压进水箱，把水箱中的水赶出去，潜水艇逐渐变轻，重量小于它所受到的浮力，就可以浮出水面了。调节水箱的水量，使潜水艇的重量等于它所受到的浮力，潜水艇就可以自由地潜在水中行驶了。

为什么地球上的氧气用不完

地球上动物、植物的生存离不开氧气，一切物质的燃烧、动植物的腐烂、铁的生锈等也离不开氧气。那么，长此以往，地球上的氧气会不会用完呢？

19世纪时，英国物理学家汤姆逊·克尔文曾十分忧虑地说："随着工业的发达与人口的增多，500年以后，地球上的所有的氧气将被用光，人类将趋于灭亡！"事实证明，这种担忧完全是多余的，地球上的氧气不会用完。

瑞士的科学家谢尼伯曾经做过这样一个实验：他采集了许多植物的绿叶，浸在水里，放在阳光底下。叶子很快就不断地发出一个个小气泡，谢尼伯用一支试管收集了这些气体。这些气体是什么呢？当谢尼伯把一片点着了的木条扔进试管时，木条猛烈地燃烧，射出耀眼的光芒。这说明试管内是氧气，因为，只有氧气才能帮助燃烧。接着，谢尼伯又往水里注入二氧化碳。他发现，注入的二氧化碳越多，绿叶排出的氧气也越多。谢伯尼得出了这样的结论："在阳光的作用下植物靠着二氧化碳营养而排出氧气。"

原来，在阳光下，绿色植物会吸收空气中的二氧化碳，使二氧化碳与从根部吸入的水分发生化学作用，合成它们需要的营养物，同时放出氧气，这就叫做"光合作用"。植物通过光合作用放出氧气的总量比它呼吸时需要的氧量要多20倍左右。这样空气中的氧气就不会减少了，而且保持21%左右的含量。同时，空气中二氧化碳的含量也保持在0.03%左右。

为什么说噪音也是一种污染

噪音，就是杂乱无章、听了叫人不舒服的声音，比如机器的轰鸣声、飞机的尖叫声、汽车的喇叭声等等。在物理学里，噪音的强弱通常用分贝来表示。噪音共分七个等级，从零开始，每增加20分贝，就增加一个等级。当噪音在0～20分贝时，我们感觉很静；在20～40分贝时，也是安静的；超过45分贝的声音就会干扰人的睡眠；80分贝的噪音会使人感到吵闹、烦躁；超过90分贝，就会影响人的健康；100分贝的噪音会影响人的听力；120分贝的噪音可以使人暂时"耳聋"；在几米以内听到140分贝以上的噪音，人会变成聋子，甚至可能突然发生脑溢血，心脏也可能突然停止跳动。

有人做过调查研究，长期生活在60分贝的噪音中会使人感到心慌和厌倦，人的工作效率也会降低。长期生活在85～90分贝噪音下的人会患噪音病，出现头昏脑胀、失眠多梦、全身乏力、食欲不振、记忆力减退等症状。下面的调查数据令人信服地说明了噪音的危害：一个噪音为94～106分贝的车间，有4.5％的人耳聋、38％的人耳鸣、30％的人失眠、36％的人记忆力减退。所以说噪音也是一种污染。

还有人把噪音比做杀人不见血的软刀子，这话绝不过分。由于工业生产过于集中，交通拥挤，噪音源增多，噪音已经成了一种比较严重的公害。有的国家把噪音列为环境公害之首，想方设法加以消除。

为消除噪音，人们想了许多办法。一种立即见效的方法是控制噪音源。比如，在城市闹市区，禁止各种车辆鸣叫高音喇叭，利用减振消声的办法使各种噪音源发出的噪音减至最小。但无论对噪音源怎样控制，生产活动总要产生大量的噪音，这就得采用隔声方法了。现在各种高效能的隔音材料、设备正在研制中。有一种隔声夹层玻璃已被使用。通过这种玻璃，噪音可减少27分贝。安装上这样的玻璃，基本上可以避免室外噪音的干扰。

在法国巴黎近郊有一条很热闹的街，汽车川流不息，昼夜不停，人们在街上相互交谈都很困难。后来，人们在车行道和人行道之间修建了350米长、4米高的玻璃墙，收到了较好的隔声效果。

现在科学家们正研究一种更有效的消声法，那就是"以毒攻毒"，用声音消除噪音。假如能有一种声音，它与要消除的噪音在强度上、频率上完全一样，但在振动方向上是相反的，那么，在这两种声音同时作用之下的空气所受到的拉力和压力相等，空气分子不发生振动，从而达到消除噪音的目的。从理论上说，这种方法简单，但实现起来却比较困难。当然，人们正朝这个方向努力。相信有朝一日，用声音消灭噪音是会实现的。那时，我们会生活在一个十分安静的环境里。

为什么说摩擦现象跟人形影不离

　　地球上，摩擦现象到处可见，它常给人们带来烦恼：鞋底磨破，衣服变旧，自行车、手表损坏……有人统计，每个人需要把一半左右的收入补偿在多种多样的磨损上。多少年来，摩擦一方面与人类为友，造福人类；一方面又时刻在消耗人力、物力和财力。特别是工业品，摩擦更是它们的质量和寿命的大敌。据说，美国海军飞机飞行1小时，其磨损费比燃料费还要高。在恶劣的环境中，摩擦造成的机器失灵、零件损坏等现象更是屡见不鲜。随着科学技术水平的提高，现代机械产品向着高速、重载和高温的方向发展，摩擦问题越来越突出，逐渐成为人类研究的重要课题。这样，在人类同摩擦斗争的过程中，就出现了一门新兴的边缘学科——摩擦学。

　　通俗地说，摩擦学是研究两个物体表面摩擦、磨损和润滑三方面相互关联的科学和技术的总称。两个物体的接触面的物质不断损失，发生一系列物理、化学和力学等变化。摩擦学就是通过研究物体摩擦表面的变化，提出相应的技术措施，减少或消除不必要的材料和能量损失，设计出各种新型的机械产品和润滑产品。因此，摩擦学是涉及数学、力学、物理学、化学、冶金学、机械工程、材料科学和石油化工等多种学科领域的一门综合性的边缘学科。

　　摩擦学的研究对象极为广泛，包括典型摩擦件的设计，如轴承、齿轮、蜗轮、密封件、离合器等；摩擦件材料和表面处理技术的选用；还包括各种润滑材料和润滑技术的选择；对机器磨损事故进行分析；对磨损进行监测和预报等。现在，摩擦学的研究已经涉及到人类关节的运动和心脏瓣膜的跳动，形成了生物摩擦学和摩擦心理学等分支。最近，有人根据地壳移动学说，联系到山、海和断层的形成，认为火山爆发、地震的发生也同摩擦学有关。这就是所说的"地质摩擦学"。

摩擦学作为一门应用性的技术学科，具有很大的经济价值。世界能源总量的大约三分之一最终表现为某种形式的摩擦而消耗掉。若能减少一些摩擦，就可节约大量能源。近年来，各工业发达国家都非常重视研究和开发摩擦学，并调查本国的摩擦学现状。他们得出共同结论：如能在工业上推广运用摩擦学的现有知识，差不多可以增加国民总产值的1%，这是非常惊人的数字。

为什么三棱镜能把太阳光分成七色

太阳光中混合着各种波长的光，人的眼睛所能感受到的光（可视光线），有红、橙、黄、绿、蓝、靛、紫等七色。光是在两种物质的交接处发生折射的，这时的折射比率叫折射率，这种折射率不仅因物质种类（水、玻璃、空气等）的不同而有所不同，而且即使通过同一物质折射也会因波长不同而有所不同。波长较短的紫色光折射率大，波长较长的红色光折射率小。

太阳光中混合着的波长不同的光照到三棱镜上，折射率因波长的不同而各不相同，所以就会分别折射出各种颜色来。如果仔细观察被分散的太阳光的光谱，就能发现细细的黑色，这叫吸收光谱。这些光在途中被气体吸收了。

什么是热污染

所谓热污染，是指现代工业生产和生活中排放的废热所造成的环境污染。热污染可以污染大气和水体。火力发电厂、核电站和钢铁厂的冷却系统排出的热水，以及石油、化工、造纸等工厂排出的生产性废水中均含有大量废热。这些废热排入地面水体之后，能使水温升高。在工业发达的美国，每天所排放的冷却用水达4.5亿立方米，接近全国用水量的1/3；废热水含热量约2500亿千卡，足够2.5亿立方米的水温升高10℃。

热污染首当其冲的受害者是水生物，由于水温升高使水中溶解氧减少，水体处于缺氧状态，同时又使水生生物代谢率增高而需要更多的氧，造成一些水生生物在热效力作用下发育受阻或死亡，从而影响环境和生态平衡。此外，河水水温上升给一些致病微生物造成一个人工温床，使它们得以滋生、泛滥，引起疾病流行，危害人类健康。1965年澳大利亚曾流行过一种脑膜炎，后经科学家证实，其祸根是一种变形原虫。由于发电厂排出的热水使河水温度增高，这种变形原虫在温水中大量孳生，造成水源污染而引起了这次脑膜炎的流行。

随着人口和耗能量的增长，城市排入大气的热量日益增多。按照热力学定律，人类使用的全部能量终将转化为热，传入大气，逸向太空。这样，使地面反射太阳热能的反射率增高，吸收太阳辐射热减少，沿地面空气的热减少，上升气流减弱，阻碍云雨形成，造成局部地区干旱，影响农作物生长。近一个世纪以来，地球大气中的二氧化碳不断增加，气候变暖，冰川积雪融化，使海水水位上升，一些原本就十分炎热的城市变得更热。专家们预测，如按现在的能源消耗的速度计算，每10年全球温度会升高0.1~0.26℃；一个世纪后即为1.0~2.6℃，而两极温度将上升3~7℃，对全球气候会有重大影响。

造成热污染最根本的原因是能源未能被最有效、最合理地利用。随着现代工业的发展和人口的不断增长，环境热污染将日趋严重。然而，人们尚没有用一个量值来规定其污染程度，这表明人们并未对热污染有足够重视。为此，科学家呼吁应尽快制订环境热污染的控制标准，采取行之有效的措施防治热污染。

什么是热岛效应

炎热的夏日，人人都盼望着气温下降、天送凉风。而城市居民，尤其是大中城市的居民，却往往发现，自己所居住的城市的气温总比周围相邻地区高，其他季节也如此。如某日20时，上海市中心气温为8.5℃，近郊为4℃，远郊仅有3℃。这样，城市在温度的空间分布上犹如一个独特的岛屿，称为"热岛效应"或"火炉效应"。这种"热岛效应"日益显著，我国观测到的最大"热岛效应"，上海为6.8℃，北京为9℃；世界最大的城市"热岛"要数加拿大的温哥华（11℃）、德国的柏林（13.3℃）。

在这种"热岛效应"的影响下，城市上空的云、雾会增加，城市的风、降水等也会发生变化。这就是"热岛效应"带来的城市"雨岛效应"、"雾岛效应"等等。如，上海市区汛期雨量平均比远郊多50毫米以上，等于多下了一场暴雨。城市雾气多由工业、生活排放的各种污染物形成的酸雾、油雾、烟雾、光化学雾等混合而成。雾多不仅危害动植物，还会妨碍水陆交通和供电。严重时，汽车、火车、轮船只好减速，甚至影响到飞机的起落。重庆是有名的"雾都"，一家机场因此不得不搬家。

"热岛效应"，主要是在一些发达的工业区或大城市中形成。由于工业发达、人口集中，大量消耗能源，致使许多热量进入大气。另外，高楼林立，绿地锐减，也是造成"热岛效应"的原因。据研究，城市废热，主要来自燃烧的工业锅炉及冷气、采暖等固定热源，其次是机动车辆、人群等流动热源。用混凝土、砖瓦石料等建筑的高楼大厦群及水泥、柏油铺设的路面，都能大量吸收和储存太阳能。狭窄的街道和愈来愈小的庭院、居室又使天地之间的热量交换受阻，使地面降温非常迟缓。因而，城市的年平均气温比郊区一般可高出0.5~3℃，或者更高些。愈是工业集中、人口密度大的城市愈明显。

"热岛效应"反过来又使城市耗电及用水量大增。

夏天要想降低1℃，比冬天升高1℃用电量要大得多。这样，又要耗掉大量能源，造成更多废热，进一步加剧"热岛效应"及其他气候效应。现在，许多城市都认识到"造绿"是改善城市"热岛效应"的好办法。

什么是绿色材料

材料的制造和使用是人类社会发展的基石，但是，材料在造福人类的同时，也给大自然和人类本身带来了一定的危害。君不见，塑料薄膜的大量使用造成了严重的白色污染；而大量使用的矿物燃料，则产生了可怕的温室效应。据报道，建筑工程中无处不在的劣质建材已成为一个严重污染源，全国平均每年发生中毒事件400余起，中毒人数高达15000余人，死亡人数约350人，而慢性中毒人数则高达10万人次，真可谓触目惊心。而使用绿色材料将可改变这种状况，实现材料与环境的协调性和适应性。

绿色材料又称环境材料，是由日本的山本良一于1992年最先提出的，用以指那些具有最小的环境负担和最大的再生利用能力的材料，即节约资源和能源、减少和防止环境污染、容易回收利用、丢弃后易于自然降解而回归自然的材料。环境材料的思想一经提出，就在世界范围内引起了广大科学家和其他人士的高度重视，并投入人力、物力、财力进行研究和开发。目前绿色材料的研究内容主要包括材料的设计及开发技术，材料的环境协调性和材料的环境协调性评估技术研究。根据绿色材料的功能，可分成低（资源、能源）消耗材料、净化材料、吸波材料、可降解材料、生物及医疗功能材料、传感材料、抗辐射材料、相容性材料、吸附催化材料等。根据材料的用途，可分成建筑材料、工业制造材料、农业材料、林业材料、渔业材料、能源材料、抗辐射材料、相容性材料、生物材料及医用材料等。近年来国内外已研究开发出一些符合环境材料特性的重要建材产品，如无毒涂料、抗菌涂料、光致变色玻璃、调节湿度的建材、绿色建筑涂料、乳胶漆装饰材料、绿色地板材料、石膏装饰材料、净化空气的预制板、抗菌陶瓷等。随着人们环境意识的逐步提高，也必然会加深对绿色材料的认识，从而加快绿色材料的发展。

如今，绿色材料已不再只是一个话题，而制造和使用绿色材料也已成为人类的自觉行动。

为什么说半导体是神奇的材料

自动化技术的日新月异，电子计算机的更新换代，广播电视的普及与提高，通信事业的迅猛发展……都离不开半导体材料。

半导体是大家比较熟悉的一类材料，其电阻率介于典型的金属和典型的绝缘体之间，一般在10^{-2}到10^7欧姆·厘米之间。

最常见的半导体材料是化学元素周期表中第Ⅳ主族的硅和锗，还有周期表中第Ⅲ主族和第Ⅴ主族元素形成的化合物半导体，如砷化镓等，以及Ⅱ～Ⅳ族元素化合物半导体，如硒化锌等。

最早得到应用的元素半导体是硒晶体。1923年，科学家用硒制造出了第一只半导体整流器，可以把交流电转变为直流电。三年以后出现了氧化亚铜整流器。真正作为现代半导体材料起点的当数锗单晶。1947年，科学家发明了第一只锗晶体管。1950年，科学家用提拉法制造出第一块高完整性的锗单晶。此后，各种半导体材料提纯技术、单晶生长技术、薄膜技术及器件制造技术如雨后春笋般地迅速发展起来了。整个世界也随着发生了天翻地覆的变化。

科学技术的发展有时真是令人难以想象。有谁能想到，上世纪40年代一台需要用一座二层楼房安放的电子计算机，现在只要用一个火柴盒即可装下。这经历了一个从电子管到晶体管到集成电路，再到超大规模集成电路的发展过程。

1958年，科学家宣布，世界上第一块集成电路诞生了！这就宣告了集成电子学时代的到来。所谓集成电路，就是在一块很小的半导体晶片上，采用特殊制造工艺，把许许多多晶体管、电阻、电容元件制作在上面，形成一个十分紧凑的复杂电路。10年以后，科学家已能在米粒大小的硅片上集成1000多个晶体管，开始了大规模集成电路时代。又一个10年过去了，科技工作者已能在米粒般大的硅片上集成15.6万个晶体管，这就是我们所说的超大规模集成电路。这是多么神奇的鬼斧神工，是何等的巧夺天工啊！

制造超大规模集成电路时，对半导体单晶材料有相当高的要求。晶体中每一颗细小的即使在显微镜下也无法看到的杂质或灰尘及每一个微小的晶体缺陷，都是隐藏在器件中的一颗"定时炸弹"，往往会使整个集成块报废。所以，在制造半导体单晶、薄膜和器件时，除了要求超净的工作环境、精密的控制系统之外，对原料纯正度还有极高的要求。例如，有的半导体器件要求材料的纯度高达13个

"9"，即99.99999999999%，也就是说材料中总的杂质含量必须控制在1/10万亿以下。要实现这一要求，必须依靠制备超高纯材料的专门高技术。所以说，现代半导体材料和器件的本身就属于高技术范畴，制造半导体材料与器件是一项精密细致的系统工程。

在集成电路领域里，尽管从小、中、大规模到超大规模集成电路接连换代，却一直是硅器件独占鳌头。

集成电路最重要的应用领域是电子计算机。提高计算机的运算速度是计算机专家的重要奋斗目标。

什么是超宽带技术

UWB是英文超宽带 (Ultra Wideband) 的缩写，它是一种无载波通信技术，利用纳秒至微微秒级的非正弦波窄脉冲传输数据。有人称它为无线电领域的一次革命性进展，认为它将成为未来短距离无线通信的主流技术。超宽带技术是一种与其它技术有很大不同的无线通信技术，它将会为无线局域网LAN和个人域网PAN的接口卡和接入技术带来低功耗、高带宽并且相对简单的无线通信技术。超宽带技术解决了困扰传统无线技术多年的有关传播方面的重大难题，它具有对信道衰落不敏感、发射信号功率谱密度低、截获能力低、系统复杂度低、能提供数厘米的定位精度等优点。UWB尤其适用于室内等密集多径场所的高速无线接入和军事通信。

UWB无线通信技术与现有的无线通信技术有着本质的区别。当前的无线通信技术所使用的通信载波是连续的电波，形象地说，这种电波就像是一个人拿着水管浇灌草坪时，水管中的水随着人手的上下移动形成连续的水流波动。几乎所有的无线通信包括移动电话、无线局域网的通信都是这样的：用某种调制方式将信号加载在连续的电波上。

与此相比，UWB无线通信技术就像是一个人用旋转的喷洒器来浇灌草坪一样，它可以喷射出更多、更快的短促水流脉冲。UWB产品在工作时可以发送出大量的非常短、非常快的能量脉冲。这些脉冲都是经过精确计时的，每个只有几个毫微秒长，脉冲可以覆盖非常广泛的区域。脉冲的发送时间是根据一种复杂的编码而改变的，脉冲本身可以代表数字通信中的0，也可以代表1。

超宽带技术在无线通讯方面的创新性、利益性具有很大的潜力，在商业多媒体设备、家庭和个人网络方面极大地提高了一般消费者和专业人员的适应性和满意度。所以一些有眼光的工业界人士都在全力建立超宽带技术及其产品。相信这一超宽带技术，不仅为低端用户所喜爱，而且在一些高端技术领域，如雷达跟踪、精确定位和无线通信等方面都具有广阔的前景。

为什么要发展机器人

当前，机器人正以30%左右的增长率逐年高速发展。1980年，号称机器人王国的日本开始比较多地使用机器人，因此，那一年被称为机器人普及元年。有人断言，21世纪是机器人世纪。那么？为什么要大力发展机器人呢？

人类在发明了蒸汽机、电动机，制造了包括机床、汽车在内的各种机器以后，大大减轻了人的体力劳动强度；同时，人类又发明了计算机，特别是目前已在开发的可以处理知识、进行推理和学习的计算机，能在很大程度上代替人的脑力劳动。将机器和计算机相结合生产出来的机器人，可以代替人类进行各种各样的劳动，甚至可以做许多单纯依靠人力所做不到的事情。

目前，世界上有难以计数的工业机器人在各种工业部门工作着。从生产大规模集成电路超净车间中的精细加工到有害环境中的喷漆操作，以至重型机器制造中的笨重搬运工作等等，在各种各样的环境中，都可以看到机器人在不知疲倦地劳动着。现在，几乎所有的工业部门都使用了机器人，它们从事的工种有铸、锻、焊、切削、热处理、研磨、冲压、喷漆、装配、检验等等。现在，工业机器人队伍还在迅速扩大。

近年来，随着计算机、机器人、数控加工中心、无人搬运车等新技术的发展，工厂无人化的设想将逐步得以实现。在这一进程中，机器人将发挥越来越大的作用。

当前，机器人技术不断发展，人们的要求越来越高，不仅要求机器人能在一般环境下工作，还要求在人难以生存的极限环境下也能开展工作。高温、强辐射、高真空、深海等极限环境工作条件很差，所以机器人必须具有适应环境变化的能力，这就要求机器人应该具有一定的智能。

机器人的智能可以分为两个层次：第一步，像人那样具有感觉、识别、理解和判断的功能；第二步，能够像人那样具有总结经验和学习的能力。目前，具有初步智能的机器人已经开始被广泛应用。在工业机器人中，具有初步智能水平的机器人已经占10%左右，而且这一比例还在不断提高。至于具有学习能力等高级智能水平的机器人，尚处于试验研制阶段。

目前，机器人已被广泛应用于采矿业、建筑业、农业、林业及医疗等方面。可以预料，应用于航空航天、原子能开发等领域的机器人也将会得到迅速发展。

在家庭中，机器人是顺从的"仆人"，不仅会做饭、洗衣、打扫卫生，还会接待客人、陪伴儿童做游戏、照顾病人及帮助病人翻身、洗澡，它们干得可出色了。现在，人们还准备开发帮助母亲带孩子的育儿机器人，孩子有"人"照顾，母亲就可以安心地去上班了。

在军事方面，机器人已经活跃在陆地战场上，而且"兵种齐全"。反坦克机器人、防化机器人、火炮机器人都曾大显身手。哨兵机器人装备有机关枪、掷弹筒，还有多种先进的传感器；在军事基地、机场周围或某一战区进行巡逻放哨，屡立奇功，而且不用换岗。排雷、布雷的工作既繁重又危险，让机器人来承担就不必担心人身的安全了。

"布雷"机器人除了能按指挥官的指令冒着枪林弹雨去挖坑、计算埋雷的密度、给地雷装引信、打开保险、埋雷，还能自动设置雷场、绘制布雷位置图等，真是"智勇双全"。有人说，21世纪的战争不仅会有刀枪不入的"钢铁士兵"去冲锋陷阵，而且还将出现具有人工智能的无人驾驶坦克、飞机、舰艇等各种武器。到那时，军用机器人将成为一支不容忽视的"军事力量"。

机器人三定律是什么

　　机器人的历史并不算长，自从1959年美国英格伯格和德沃尔制造出世界上第一台工业机器人，机器人的历史才真正开始。

　　英格伯格在大学攻读伺服理论，这是一种研究运动机构如何才能更好地跟踪控制信号的理论。德沃尔曾于1946年发明了一种系统，可以"重演"所记录的机器的运动。1954年，德沃尔又获得可编程机械手专利，这种机械手臂按程序进行工作，可以根据不同的工作需要编制不同的程序，因此具有通用性和灵活性。英格伯格和德沃尔都在研究机器人，认为汽车工业最适于用机器人干活，因为是用重型机器进行工作，生产过程较为固定。1959年，英格伯格和德沃尔联手制造出第一台工业机器人。

　　这种机器人外形有点像坦克炮塔，基座上有一个大机械臂，大臂可绕轴在基座上转动，大臂上又伸出一个小机械臂，它相对大臂可以伸出或缩回。小臂顶有一个腕子，可绕小臂转动，进行俯仰和侧摇。腕子前头是手，即操作器。这个机器人的功能和人手臂功能相似。

　　它成为世界上第一台真正的实用工业机器人。此后英格伯格和德沃尔成立了"尤尼梅逊"公司，兴办了世界上第一家机器人制造工厂。第一批工业机器人被称为"尤尼梅特"，意思是"万能自动"。他们因此被称为机器人之父。1962年美国机械与铸造公司也制造出工业机器人，称为"沃尔萨特兰"，意思是"万能搬动"。"尤尼梅特"和"沃尔萨特兰"就成为世界上最早的、至今仍在使用的工业机器人。

　　据说文艺复兴时期，既是杰出画家又是科学家的达·芬奇就曾设计出了一款机器人。

近百年来发展起来的机器人，大致经历了三个成长阶段，亦即三个时代：第一代为简单个体机器人；第二代为群体劳动机器人；第三代为类似人类的智能机器人，它的未来发展方向是有知觉、有思维、能与人对话。

第一代机器人属于示教再现型；第二代则具备了感觉能力；第三代机器人是智能机器人，它不仅具有感觉能力，而且还具有独立判断和行动的能力。

英格伯格和德沃尔制造的工业机器人是第一代机器人，属于示教再现型，即人手把着机械手，把应当完成的任务做一遍；或者人用"示教控制盒"发出指令，让机器人的机械手臂运动，一步步完成它应当完成的各个动作。

20世纪70年代，第二代机器人开始有了较大发展，第二代机器人实现了实用化并开始普及。

第三代机器人是智能机器人，它不仅具有感觉能力，而且还具有独立判断和行动的能力，并具有记忆、推理和决策的能力，因而能够完成更加复杂的动作。中央电脑控制手臂和行走装置，使机器人的手完成作业、脚完成移动，机器人能够用自然语言与人对话。

智能机器人在发生故障时，通过自我诊断装置能自我诊断出故障部位，并能自我修复。今天，智能机器人的应用范围大大地扩展了，除工农业生产外，机器人已应用到各行各业，已具备了人类的特点。机器人向着智能化、拟人化方向发展的道路是没有止境的。

美国著名科普作家艾萨克·阿西莫夫为机器人提出了三条原则，即"机器人三定律"：

第一定律——机器人不得伤害人，或任人受到伤害而无所作为。

第二定律——机器人应服从人的一切命令, 但命令与第一定律相抵触时例外。

第三定律——机器人必须保护自身的安全, 但不得与第一、第二定律相抵触。

这些"定律"构成了支配机器人行为的"道德标准", 机器人必须按人的指令行事, 为人类生产和生活服务。

什么叫核聚变

利用核能的最终目标是实现受控核聚变。裂变时靠原子核分裂而释放出能量, 聚变时则由较轻的原子核聚合成较重的原子核而释放出能量。最常见的是由氢的同位素氘 (又叫重氢) 和氚 (又叫超重氢) 聚合成较重的原子核如氦而释出能量。核聚变较之核裂变有两个重大优点: 一是地球上蕴藏的核聚变能远比核裂变能丰富得多。据测算, 每升海水中含有0.03克氘, 所以地球上仅在海水中就有45万亿吨氘。1升海水中所含的氘, 经过核聚变可提供相当于300升汽油燃烧后释放出的能量。地球上蕴藏的核聚变能约为蕴藏的可进行核裂变元素所能释放出的全部核裂变能的1000万倍, 可以说是取之不竭的能源。至于氚, 虽然自然界中不存在, 但靠中子同锂作用可以产生, 而海水中也含有大量锂。

第二个优点是既干净又安全。因为它不会产生污染环境的放射性物质, 所以是干净的。同时受控核聚变反应可在稀薄的气体中持续地稳定进行，所以是安全的。

目前实现核聚变已有不少方法。最早的著名方法是"托卡马克"型磁场约束法。它利用通过强大电流所产生的强大磁场，把等离子体约束在很小范围内以实现上述三个条件。虽然在实验室条件下已接近于成功，但要达到工业应用要求还差得远。按照目前技术水平，要建立托卡马克型核聚变装置需要几千亿美元。

另一种实现核聚变的方法是惯性约束法。惯性约束核聚变是把几毫克的氘和氚的混合气体或固体装入直径约几毫米的小球内，从外面均匀射入激光束或粒子束，球面因吸收能量而向外蒸发，受它的反作用，球面内层向内挤压（反作用力是一种惯性力，靠它使气体约束，所以称为惯性约束）。就像喷气飞机气体往后喷而推动飞机前飞一样，小球内气体受挤压而压力升高，并伴随着温度的急剧升高。当温度达到所需要的点火温度（大概需要几十亿度）时，小球内气体便发生爆炸，并产生大量热能。这种爆炸过程时间很短，只有几个皮秒（1皮等于1万亿分之一秒）。如每秒钟发生三四次这样的爆炸并且连续不断地进行下去，所释放出的能量就相当于百万千瓦级的发电站。

从原理上讲虽然就这么简单，但是现有的激光束或粒子束所能达到的功率离需要的还差几十倍、甚至几百倍，加上其他种种技术上的问题，惯性约束核聚变仍是可望而不可即的。

尽管实现受控热核聚变仍有漫长艰难的路程需要我们征服，但其美好前景的巨大诱惑力正吸引着各国科学家奋力攀登。

什么是核武器

核武器是利用原子核反应瞬间放出巨大能量起杀伤破坏作用的武器，是能把我们的地球毁灭的战略武器。

核武器是利用核反应的光热辐射、冲击波和感生放射性造成杀伤和破坏作用以及造成大面积放射性污染、阻止对方军事行动以达到战略目的的具有巨大杀伤力的武器。主要包括裂变武器（通常称为原子弹）和聚变武器（亦称为氢弹，分为两级及三级式）。有的还在武器内部放入具有感生放射的轻元素，以增大辐射强度、扩大污染或加强中子放射以杀伤人员（如中子弹）。核武器也叫核子武器或原子武器。

核武器已经发展了三代，分别是原子弹、氢弹和中子弹。按作战使用范围，可分为战略核武器和战术核武器两大类；按配用的武器，可分为核弹头导弹、核炸弹、核炮弹、核地雷、核水雷、核鱼雷和核深水炸弹等。

战略核武器是用于攻击战略目标的核武器，作用距离可达上万公里，核爆炸威力通常有数十万吨、数百万吨甚至上千万吨TNT当量。主要运载工具有陆基战略导弹、携带核弹的远程轰炸机、潜基战略核导弹以及近程攻击核导弹和巡航导弹等。攻击的主要目标是军事基地、交通枢纽、工业基地和政治、经济、军事中心等。

战术核武器是用于打击战役战术纵深内重要目标和战斗力量的核武器，主要有战术核导弹、核航弹、核深水炸弹、核地雷、核水雷和核鱼雷等。主要运载和发射工具有火炮、导弹、飞机、水面舰艇和潜艇等。战术核武器的主要特点是体积小、重量轻、机动性好、命中精度高、爆炸威力大, 一般可达数百吨或10万吨TNT当量。战术核武器主要打击的目标有导弹发射阵地、指挥所、集结地、飞机、舰船、坦克集群、野战工事、港口、机场、铁路、桥梁等。

什么是核冬天

核冬天是一种假说, 指核战争引起地表面温度强烈下降的现象。

在一场50亿吨TNT当量的核大战中, 可将9.6亿吨微尘和2.25亿吨黑烟掀入空中, 射向地球的阳光被这些黑烟的微粒吸收而变热, 变热后的黑烟又产生一股上升气流, 将黑色微粒子推向30公里高的同温层, 使臭氧层遭到破坏。这样, 整个地球就会变成暗无天日的灰色世界, 厚厚的烟云遮盖着天空, 终日不散, 陆地再也见不到阳光, 白天和夜晚难以区分, 气温急剧下降, 绿色植被冻死, 海洋河流冻结, 地球生态遭到严重破坏, 人类生存条件被毁于一旦。这就是核冬天和核冬天效应所带来的悲惨世界。"核冬天"理论的提出使人们彻底明白了核战的毁灭效应, 没有哪个国家可以储存数百年的食物, 没有哪个国家可以在核战袭击后还有干净的空气, 也就没有任何一个人可以在核大战后活下来。

什么是新概念武器

　　新概念武器与传统武器相比，在基本原理、杀伤破坏力和作战方式上都有本质区别，是尚处于研制或探索之中的一类新型武器。高技术的发展正在引起军队武器装备的巨大变革，也为发展全新的非核武器开辟了广阔的前景。不久的将来，人类将会陆续研制出新的、具有更大威力的武器系统，并将投入到战争中使用。

　　新概念武器主要包括定向能武器、动能武器和军用机器人。定向能武器是指粒子基因武器的能量是沿着一定方向传播的，并在一定距离内有杀伤破坏作用，而在其他方向就没有杀伤破坏作用，如激光武器、微波武器和粒子束武器。动能武器指的是一类能够发射高速（5倍于音速）弹头、利用弹头的动能直接撞毁目标的武器，主要有：动能拦截弹（分为反卫星、反导弹2种）、电磁炮（分为线圈炮、轨道炮和重接炮3种）、群射火箭等。军用机器人（具有某种仿人功能的自动机器的总称），可以用于执行战斗任务、侦察情况、实施工程保障等。目前正在研制的新概念武器，还有气象武器、深海战略武器、网络战武器、基因武器、束能武器、次声武器、幻觉武器、非致命武器等。

什么是基因武器

　　基因武器也称遗传工程武器或DNA武器。它运用先进的基因重组技术，用类似工程设计的办法，按人们的需要通过基因重组重新制造新的或经过基因改造的细菌和病毒。在这个方面，美国已取得了突破性进展，并把这种技术应用于20多种病毒的研制。基因工程技术用于生物武器研究的一个重要分支是研制"人种武器"。随着人类基因组多样性计划取得突破性发展，得以找出不同人种之间的遗传差异，也就能研制针对特定种族群体的"人种武器"。未来可能出现的基因武器主要有两大类型：

1.新型微生物战剂是专门破坏人体免疫系统的微生物战剂。它主要是通过在一些致病细菌或病毒中导入能对抗普通疫苗或药物的基因，或者在一些本来不致病的微生物体内"插入"致病基因，来培养出新的抗药性很强的病菌或致病微生物。

2.人种基因密码武器是专门根据特定人种生化特征上的差异或称人种基因密码，来设计一种只对特定遗传特征的人们产生致病作用的致病菌，以达到有选择地杀死敌方有生力量的目的，这种基因武器又称人种密码武器。因为每类人种都有自己特定的基因密码，一旦不同种群的DNA被排列出来，就可以生产出针对不同种群的人种基因密码武器，造成敌方人种灭绝，从而克服普通生物武器在杀伤区域上无法控制的缺点。

什么是云雾弹

云雾弹又叫窒息弹、气浪弹，学名叫"燃料－空气炸药炮弹"。这种炸弹里面装的不是普通的固体炸药，而是一种易燃、易爆而且沸点又很低的液体，称为云爆剂。云爆剂是一种高能燃料，云雾弹第一次爆炸后，先是冒起一团团的云雾，几乎可将方圆几十平方米的地面覆盖住。这些云雾就是云爆剂与空气混合形成的具有一定浓度的气溶胶云雾。气溶胶云雾再经第二次引爆，可产生2500℃左右的高温火球，并随之产生区域爆轰冲击波。大面积的云雾发生爆炸，不但产生高温和强大的冲击波，还大量消耗空气中的氧气。高温和冲击波可将浓密的灌木丛一扫而光，把坦克摧毁，引起一切可燃物燃烧。暴露在地面上的人员不是被严重烧伤，就是被冲击波气浪抛到远方。即使是躲在非密闭工事或洞里的人员，也会因暂时缺氧而呼吸困难，以致窒息死亡。云雾弹爆炸瞬间所产生的电磁脉冲可使通信中断、电子电脑失灵，达到瘫痪敌指挥控制系统的目的。这种炸弹在原理上并不很复杂。有些人在生活中也可能碰到类似的爆炸现象。例如，厨房里的液化气罐如果漏气，当逸散在空气中的液化气达到一定浓度后，遇到明火就会发生爆炸，它的破坏力也是相当大的。

什么是生物武器

　　生物武器是生物战剂及其施放工具的总称。在战争中用来伤害人、畜和毁坏农作物的致病微生物及其毒素叫做生物战剂。装有生物战剂的各种炸弹、导弹、昆虫航弹和气溶胶发生器、布撒器等，统称为生物武器。它的杀伤破坏作用不是依靠弹片和炸药，而是依靠生物战剂使人员、牲畜及农作物致病或死亡，它是一种"杀人不见血"的武器。生物战剂包括立克次体、病毒、毒素、衣原体和真菌等。致病微生物一旦进入机体（人、牲畜等）便能大量繁殖，导致破坏机体功能、发病甚至死亡。此外，它还能大面积毁坏植物和农作物等。

在抗日战争中，日本细菌部队731部队是日本侵华期间公然违背国际公法，以实施细菌战为目的，在中国建立的一支集生物战研究、生产、实践于一身的特种部队，是人类历史上最大规模、最灭绝人性的细菌战研究中心。731部队疯狂地研制细菌武器，大量培育与繁殖感染力强、传染迅速、死亡率高的鼠疫、霍乱、伤寒、炭疽、赤痢等病菌及散布细菌的寄生虫，并惨无人道地用中国人进行名目繁多的细菌实验。日军于1940年下半年开始在中国大量使用细菌武器，先后在宁波、常德、川浙赣、晋冀鲁豫和晋绥边区等地，播撒细菌或投放带菌的昆虫和杂物，毒化水源，丢撒染菌食品，制造病疫，致使20多万中国民众丧生。1945年日本战败后，731部队为了掩盖其对人类犯下的滔天罪行，将细菌战的主要设备和资料偷运回日本，杀戮了最后一批用做实验的中国人，炸毁了全部建筑设施，销毁了几乎所有实验用品，最后将染有鼠疫的老鼠放出，使得大批居民死于鼠疫。

什么是化学武器

化学武器是以毒剂杀伤有生力量的各种武器、器材的总称，是一种威力较大的杀伤武器。从狭义上讲，化学武器指的是在战争中使用的有毒的化学物质，即军用毒剂（简称毒剂）；从广义上讲，它还包括装填有毒剂或毒剂的组分（能生成毒剂的毒剂中间体）的化学弹药及投射工具，如装有毒剂的炮弹、航弹、火箭炮弹、导弹、地雷及布撒器等，这些统称化学武器。其作用是将毒剂分散成蒸气、液滴、气溶胶或粉末状态，使空气、地面、水源和物体染毒，以杀伤和迟滞敌军行动。其特点是杀伤途径多、范围广、持续时间长。

化学武器一词虽始于近代，但在战争中使用有毒物质却可溯源到公元前6世纪~公元前5世纪。公元前431年，斯巴达人在围城战斗中将沥青和硫黄制成抛射物，燃烧后产生大量毒烟，以此攻击雅典人，并最终取得胜利。

真正在战场上大规模地使用化学武器始于第一次世界大战。1915年4月22日，比利时伊珀尔地区，德国军队与英法联军正在对峙。18时05分，沿着德军战壕升起了一道约一人高、6000米宽的不透明的黄白色云团，在微风吹拂下飘向英法联军阵地。联军士兵先是惊愕，继而闻到一种难以忍受的强烈刺激性怪味，有人开始打喷嚏、咳嗽、流泪不止，有的窒息倒地，顿时阵地内一片混乱。在毒云后面跟进的德军如入无人之境，迅速突破了联军防御阵地。这就是举世闻名的"伊珀尔毒袭战"。在这次毒袭中，德军施放了180吨氯气，致使英法联军15000人中毒，其中5000人死亡。这是人类在20世纪进行的第一场化学战。

什么是集束炸弹

集束炸弹是把许多小型炸弹装在一起齐投或连续投掷的炸弹，

又称子母炸弹，用于攻击集群坦克、装甲战斗车辆、部队集结地等集群目标或机场跑道等大面积目标，具有较强的毁伤能力。集束的方式有两种：一种是捆扎式的，把多颗小炸弹按一定要求排列捆在一起，挂在机翼或机身下；另一种是弹箱式的，即把许多小炸弹装在一个弹箱内。弹箱又分两种。一次使用的弹箱从飞机上投下后，降至一定高度，在空爆装置作用下解体，抛撒出子炸弹；多次使用的弹箱不投下来，而是子炸弹从弹箱抛出，飞机返航后可以向弹箱中重新装弹。构成集束炸弹的小炸弹又称子炸弹，根据作战任务的目标分为杀伤子炸弹、反装甲子炸弹、反跑道子炸弹、撒布式地雷等多种。一颗集束炸弹的子炸弹数多少不一，少的有几颗，多的有几百颗。

什么是贫铀弹

贫铀弹是弹芯用贫铀合金制成的炮弹或炸弹。所谓贫铀是从金属铀中提炼出核材料铀−235以后得到的副产品，其主要成分是铀−238，故称贫化铀，简称贫铀。贫铀密度是钢密度的2倍多，贫铀弹爆炸时，能产生高温化学反应，穿透力极强，性能好于钨合金弹芯。贫铀弹多用来穿透坦克装甲和高防护建筑物。

贫铀的半衰期比铀更长，可以长期破坏环境和人类的食物链，并导致受污染地区肿瘤、心血管及神经系统疾病患者增加。贫铀弹对于人体和自然的危害究竟有多大，至今也没有一份详细的研究报告。